Surk-ki Schrade

Natürlich WEIN

Ungefiltert, ungeklärt, ungeschönt – alles über Naturwein, Pet Nat und Co.

CHRISTIAN

Inhalt

Vorwort / Aperitif

Das Wort »Naturwein« ist seit 1971 ein für Wein in der Vermarktung und Bezeichnung verbotener Begriff. Er wird hier im Buch weiter als die Kurzfassung des Begriffes »naturbelassener Wein« benutzt.

Wein begleitet mich als alkoholisches Getränk mein Leben lang. Auf Jugendfreizeiten durfte ich schon mal Sangria probieren, in Urlauben in Südfrankreich stand er in Rot oder Rosé neben Leitungswasser auf dem Tisch. Auch im Erwachsenenalter blieb er mir treu. 2008 erfuhr ich auf einer Weinmesse in Marseille von Unterschieden in der Herstellung und deren Hintergründen, von denen ich bis dato nichts gewusst hatte. Mein Glauben, seit jeher vergorenen Traubensaft getrunken zu haben, war erschüttert. Ich bin ein kritischer Mensch, stelle gerne Dinge infrage. Als ich mich dann in der Weinwelt erkundigte, stieß ich sehr bald auf Widerstand. Meine Fragen nach Zusatzstoffen und Hilfsmitteln waren den meisten Fachhändlern neu, sie hatten keine Antworten. Ich erfuhr durch Recherche, dass Wein ein Genuss- und kein Lebensmittel ist, daher müssen die Zusatzstoffe nicht auf dem Etikett stehen. Man erklärte mir, was ein guter Wein sei, ich verstand es nicht. Man erzählte mir von Parker-Punkten und dass die gut seien. Ich sah ein Interview mit **Robert Parker** und fragte mich ernsthaft, woher dieser Mann wissen wollte, was mir schmeckt und was nicht. 2009 holte ich meine erste Palette sogenannten Naturweins – von Frankreich nach Deutschland und eröffnete La Vincaillerie in Köln, einen der ersten Naturweinläden in Deutschland.

Da ich weder einen **Sommelierkurs** besucht, noch Biochemie oder **Oenologie** studiert hatte, war mein Lernen bestimmt durch ein stetes Frage-Antwort-Spiel und viel Probieren.

Durch die Auseinandersetzungen mit Menschen aus der herkömmlichen Weinwelt vertiefte ich mich immer mehr in das Thema im fachlichen, so-

PARKER, ROBERT: Als Weinjournalist und Kritiker hat er mit seinem Punktesystem ein weltweites Maß zur Preisbildung und Weinqualität auf dem Weinmarkt geschaffen.

SOMMELIER*IN: eine Weinkellner*in, zuständig für den Weineinkauf, die Lagerung, die Weinkarte und den Weinservice

OENOLOGIE: die Weinwissenschaft, kommt von »oenos« – Wein auf Altgriechisch

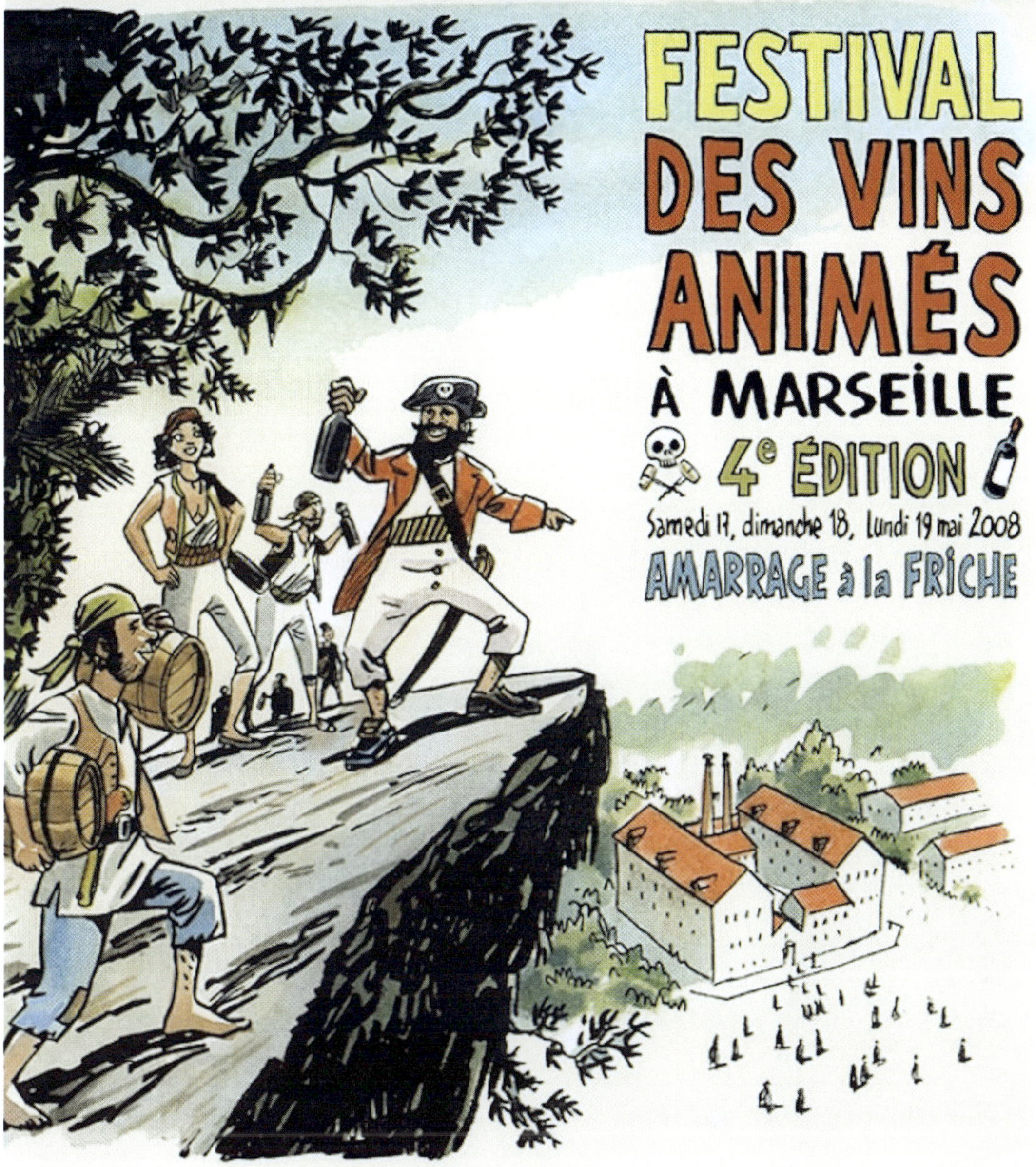

zialen und politischen Sinne. 2015 organisierte ich die erste deutsche Naturweinmesse Weinsalon Natürel in Köln, die 2020 in die sechste Edition gegangen wäre. Seit 2018 boomt die Naturweinwelt in Deutschland. Ob Winzer*innen oder Händler*innen, alle suchen und finden ihren eigenen Weg. Dieses Buch stellt die meisten vor, erhebt jedoch keinen Anspruch auf Vollständigkeit, die es nicht geben kann. Diese Welt verändert sich so schnell wie Kleinkinder in den ersten drei Lebensjahren. Ich versuche hier also eine Momentaufnahme mitsamt Historie und Zukunftsvisionen. Naturweininteressierte finden hoffentlich eine bessere Orientierung und bei sich um die Ecke eine Quelle oder eben den Online-Shop ihres Vertrauens.

Wie war Wein vor 8.000 Jahren und was ist mit ihm im Laufe der Jahrhunderte passiert? Gibt es *den* guten Wein überhaupt? Diese Fragen stellen sich, sobald man nur ein wenig genauer herangeht. In diesem Buch werden Antworten gegeben und jede*r Leser*in ist eingeladen, sich weitere Fragen zu stellen und dabei ungeniert das nächste Glas Wein zu genießen. Mit zunehmendem Wissen und Probiererfahrungen wächst die Neugier auf dieses Getränk. Die Zuversicht, sich auf seine Sinne verlassen zu können, öffnet Türen ins Unbekannte, gelenkt von der ewig geltenden Prämisse: Hauptsache, mir schmeckt es!

Die Werkzeuge zur Beurteilung von Wein sind die eigenen Sinne. Diese zu entstauben und zu aktivieren, war eine sportliche Übung, in der ich mittlerweile Kondition habe. Das Schwierigste war, mich von Meinungen anderer frei zu machen. Bis heute behaupte ich, nicht objektiv schmecken zu können, da dies ein Widerspruch in sich ist. Denn wenn es etwas gibt, was subjektiv ist und bleibt, ist es der eigene Geschmack. Für mich ist der auch immer richtig. Niemand kann falsch schmecken, wenn er oder sie nicht gerade verschnupft ist oder dergleichen. Seine Sinne, die Werkzeuge, hat jeder gesunde Mensch immer bei sich.

Warum trinken wir Wein? Wir erleben mit jeder Flasche Momente der Geselligkeit, der Gastfreundschaft mit gutem Essen. Wir lassen alle Fünfe gerade sein und leben den Augenblick. Wir trinken auch, um uns zu berauschen, um der Zeit zu entgehen, Stress zu bewältigen , wir klinken uns also mit einem Glas Wein aus dem Funktionieren aus.

Dieses Buch verfolgt daher nicht den Anspruch, aus seinen Leser*innen Biochemiker*innen oder Önolog*innen zu machen. Der Versuch besteht darin, Wein einfach zu erklären. In manchen Erklärungen werden Fachleuten die Details fehlen, auf die hier bewusst verzichtet wird, um einen neuen Zugang zu erleichtern. Die Strategie, Wein als etwas Unaussprechliches oder nicht Begreifbares, zu Kompliziertes darzustellen, haben schon sehr viele andere Bücher verfolgt. Wer nach speziellerem Wissen sucht, findet Verweise auf Literatur oder Links, wo die Themen vertieft werden.

Das vorliegende Werk behandelt Wein im Allgemeinen, in seiner Historie, nennt aktuelle Fakten. Der Status Quo der Weingesetze im Vergleich zu den noch nicht

SCHWEFEL: hier genauer SO_2 – Schwefeldioxid. Schwefel ist ein natürlicher Stoff, der auch in unserer Verdauung frei wird – nichts Schlimmes. Schwefel wirkt als Stabilisator und Antioxidans. Siehe auch Seite 135.

festgeschriebenen Regeln des Naturweins zeigt den momentanen Umbruch: Die Definition von Weinqualität braucht einen neuen Anstrich. Die hier genannten Definitionen sind legitim und Zeugnisse der Geschichte, jegliche Entwicklungen und Veränderungen bis heute lassen sich an ihnen ablesen. Durch Naturwein wird es weitere geben, was nicht bedeutet, dass die alten Definitionen falsch sein müssen.

Ich selbst habe in der Recherche viele Fachbücher, Podcasts, Videos und andere Quellen durchforstet. Alle behaupten, Recht zu haben, setzen Meinungen in die Welt und haben die Wahrheit gepachtet. Denn Wein ist kompliziert, vielfältig, international, historisch, regional, traditionell, kulturell, eine chemische Wundertüte.

Und naturbelassenen Wein könne es schon deshalb gar nicht geben, behaupten viele, weil ungeschwefelter Wein weder stabil noch lagerfähig und nach einer Stunde im offenen Glas schon ungenießbar sei. Da heißt es etwa, man habe im Bordeaux studiert und wisse, dass jeder Wein mindestens 80 Milligramm **Schwefel** pro Liter brauche. Dies ist nur ein Beispiel dafür, was ich mir in den ersten Jahren anhören musste. Da ich eine Frau bin, wurde ich oft von Männern in der Weinwelt als Dummchen hingestellt, das nichts verstanden hatte. Auch an den Hochschulen wird über Naturwein noch nicht gesprochen, geschweige denn doziert. Doch er existiert, die Wissenschaft hängt nur etwas hinterher, weil seine Lobby noch zu schwach für bezahlte Studien ist.

Jede*r Weinliebhaber*in hat eigenes Wissen über Wein. Schließlich sind die Regale in Buchhandlungen und Bibliotheken voll von Schriften über die edlen Tropfen. Jetzt kommt noch ein Buch hinzu, allerdings mit einer anderen Einstellung. Wie im Film versetzen wir die Kamera ein wenig zur Seite und betrachten die Sache aus einem anderen Blickwinkel

Was ist Wein?

Wenn ich bei Weinproben in die Runde frage, was unter Wein zu verstehen ist, lauten die Antworten von »vergorener Traubensaft« bis hin zu poetischen Exkursen à la »nachmittags, Sonne, gute Unterhaltung, der schöne Gedanke, dass der Tag noch einige Stunden übrig hat«. Frei nach dem Spruch »Wovon man nicht sprechen kann, darüber muß man schweigen« aus Wittgensteins *Tractatus logico philosophicus* (1963) geht es also zunächst darum, eine Definition von Wein festzulegen, um über ihn schreiben zu können. Im Allgemeinen spricht man von Wein als alkoholischem Getränk aus Trauben. Er kann aber auch aus anderen Früchten hergestellt werden, am bekanntesten ist wohl der Apfelwein aus Hessen. Die Definitionen und Vorstellungen variieren, je nachdem, wo man sich geografisch befindet. Daher lohnt ein Blick in die Gesetzbücher.

In der EU-Verordnung Nr. 1308/2013 des Europäischen Parlaments und des Rates vom 17. Dezember 2013 steht auf Seite 200: »Der Ausdruck ›Wein‹ bezeichnet das Erzeugnis, das ausschließlich durch vollständige oder teilweise **alkoholische Gärung** der frischen, auch **eingemaischten Weintrauben** oder des **Traubenmostes** gewonnen wird.« (Verordnung (EU) Nr. 1308/2013 des Europäischen Parlaments und des Rates vom 17. Dezember 2013 / eur-lex.europa.eu)

ALKOHOLISCHE GÄRUNG ist der chemische Prozess, in dem Hefen vorhandenen Zucker zu Alkohol verwandeln (und Kohlensäure). Wenn die Hefen nicht als Reinzuchthefen zugesetzt werden, sondern aus dem Weinberg kommen und auf der Traube sind – nennt man das eine Spontangärung.

EINGEMAISCHTEN, MAISCHE: einfacher – die Matsche – Beeren, ggfs auch die Stiele (die Rappen), mit dem schon ausgetretenen Saft. Einmaischen heißt es, wenn man genau das tut, also einmatscht. Maischestandzeit ist die Zeit, die vor dem Pressen vergangen ist, wie lange war der »skincontact«, also der Hautkontakt mit dem Saft.

TRAUBENMOST ist der Traubensaft aus dem dann der Wein gemacht wird.

In dieser einfachen Definition sind Begriffe enthalten, die man schon nachschlagen müsste. Im zweiten Teil der Verordnung werden schon Ausnahmen gemacht: »nach etwaiger Anwendung der in Anhang VIII Teil I Abschnitt B genannten Verfahren einen vorhandenen Alkoholgehalt von mindestens 8,5 % vol – wenn der Wein ausschließlich aus in den Weinbauzonen A und B gemäß der Anlage I zum vorliegenden Anhang geernteten Trauben gewonnen wurde – und von mindestens 9 % vol bei den anderen Weinbauzonen«. (eur-lex.europa.eu, siehe Seite 8) Anbauregionen werden in **Zone A, B und C** von Norden nach Süden klimatisch unterteilt. Und schon ist die EU-Definition nicht mehr allgemeingültig. Denn es macht wohl einen Unterschied, ob beispielsweise 8,5 oder 9 % Alkohol erlaubt sind. Je nach Gebiet und Deklarierung sind bestimmte Parameter vorgeschrieben, Verordnungen regeln den Alkoholgehalt oder die **Zuckerzugabe**. Je nach Gebiet und je nach Deklarierung der Weine sind bestimmte Parameter erlaubt oder nicht. Dass dem so ist, liegt in der langen kulturellen Tradition des Weins und seiner klimatischen Bedingungen begründet. Da beide Aspekte nicht statisch sind und sich im Laufe der Zeit ständig verändern, verändern sich mit ihnen auch die Verordnungen und Gesetze. Sie passen sich an, so wie es mit allen Verordnungen und Gesetzen passiert, die unser Menschenleben auf der Erde regulieren. Daher laufen sie natürlicherweise der Zeit auch immer etwas hinterher.

ZONE A, B UND C:
Europa ist für die Weinanbauregionen in diese drei Zonen unterteilt worden. Die unterschiedlichen klimatischen Bedingungen sind der Grund dafür.

Zone A ist die nördlichste und umfasst in Deutschland alle Gebiete außer Baden.

Zone B ist schon etwas südlicher, mit zum Beispiel Baden, Österreich und nördlichen französischen Regionen.

Zone C ist der Süden Europas. Der wurde dann noch einmal in verschiedene Zonen unterteilt, da auch da die klimatischen Bedingungen sich unterscheiden.

ZUCKERZUGABE, CHAPTALISIEREN: meint, was es heißt. Man darf in den Wein ganz normalen Zucker (oder andere Süßungsmittel) reintun, um den Alkoholgehalt um 4 % zu erhöhen (je nach Gebiet). Den Hefen, egal ob Reinzucht oder nicht, ist es egal, welchen Zucker sie in Alkohol verwandeln. Erforscht hat das der Chemiker Jean-Antoine Chaptal im 19. Jahrhundert.

Um über Wein zu sprechen, ist es essenziell, sich zu positionieren. Man kann dies in Bezug auf seine über 8.000-jährige Geschichte tun, ihn seiner Herkunft nach mit anderen Regionen oder Ländern vergleichen oder aber nach aktuellen Punktevergaben und Medaillen gehen. Wenn es darum geht, einen Wein als gut oder schlecht zu betiteln, ist es wichtig zu erwähnen, in welchem Vergleich, nach welcher Definition man dies tut.

WEINSOZIALISIERUNG

Wo wurde man selbst »weinsozialisiert«? Eine zunächst komisch klingende Frage, es lohnt aber, dieser nachzugehen. »Ich trinke nur Weine aus Italien« – »Nein, ich trinke nur Merlot.« Die Entscheidungen für die eine oder andere Sorte liegen oft im sozialen Gefüge. Der eine hat ein Ferienhaus im Ausland und holt sich mit einer Flasche von dort ein Stück Urlaub in die düstere Heimat. Die andere wächst in einem Weingebiet auf, Reben drum herum, so weit das Auge reicht, und bleibt dort verwurzelt. Der Nächste trinkt auf jeden Fall etwas anderes als seine Eltern, aus Abnabelungsgründen.

Die eigene Weinvorliebe lässt sich mit einer Art Verein vergleichen: Je nach dem, was man trinkt, gehört man zu einem Kreis mit eigenen Spielregeln. Ob Frankophile, Alt-68er oder Hipster – die Mitglieder definieren sich und ihre Freunde über ein bevorzugtes Getränk. Die Gruppendynamik bestimmt das Anrecht auf Zugehörigkeit und Mitspracherecht. Fatal wird es, wenn man sich seiner Gruppe nicht bewusst ist oder durch Mitmenschen hineingezogen wird, ohne das selbst entschieden zu haben.

DIE VINO-TRINKER*INNEN: Vino ist das italienische Wort für Wein. Auch in Deutschland spricht man von »amore«, »passione« und »la dolce vita« und meint die großen Gefühle. Eine hochgegriffene Erwartung an ein Getränk. Verbunden wird sie mit Urlaub, Ferien, Sonne, Meer, Aperitivo, leichter Kleidung und einer lauen Brise, die sanft durchs Haar weht. Kurzum, das absolute Gegenteil davon, was jeder von uns in seinem Alltag lebt. Vino steht für Flucht, Auszeit und Nichtdeutsch.

DIE »PETIT-ROUGE«-TRINKER*INNEN: Viele Alt-68er sind früher gern durch Südfrankreich getrampt. Rotwein aus dem Zapfkanister ist eine echte Waffe gegen den Kapitalismus und der Liter darf nicht mehr als 2 Euro kosten, so wie damals in jenem kleinen Dorf bei der **Kooperative**. Dass Zeiten sich ändern und ein 2-Euro-Wein heute kein Dorf mehr ernährt, wird gerne ausgeblendet. Bordeaux ist gleich Snobismus und daher verpönt. Alternativ zum kleinen Ballonglas geht auch das mallorquinische Weingläschen, das wie ein Wasserglas aussieht. Denn das Weinglas mit Stiel gehört in die Bonzen-Ecke.

KOOPERATIVE oder auch »Cave cooperative« – so nennt man eine Winzergenossenschaft. Viele Weinbauern in einem Dorf, einer Gegend ernten Trauben, bringen diese an einen gemeinschaftlichen Ort, an dem dann der Wein für alle gemacht wird, und darüber hinaus auch verkauft wird.

DIE PUNKTE-JONGLIERER*INNEN: In der Weinwelt herrschen Rankings, die berühmtesten sind die erwähnten Punkte von Robert Parker. Er hat sich in den 1990ern als internationaler Weinkritiker etabliert und führt nun sein System als Markenzeichen, er selbst arbeitet nicht mehr, er lässt arbeiten. Seine Macht reichte eine Weile lang bis zum Bankrott mancher Güter, wenn sein Daumen nach unten ging. »Der Wein hat 96 Parker-Punkte, dann muss er ja gut sein.« Hier lautet die Spielregel: blindlings glauben, nicht infrage stellen, trinken und behaupten, es schmecke großartig. Erst wenn man sich die Mühe macht, solche Weine unbeeinflusst selbst zu beurteilen, und dann erfahrungsbasiert zu dem Schluss kommt, dass sie einem wirklich schmecken, können die Parker-Punkte Orientierung geben. Wer mitreden will, sollte das ausprobieren. Mehr dazu und gut zusammengefasst unter www.webweinschule.de.

DIE LAGENBEZEICHNER*INNEN: Gerade in Deutschland unterscheidet man Weine nach deren Lage, also der geografischen Stelle, wo die Trauben wachsen. Sie heißt mal Hölle, mal Sonnenberg, hier Brotwasser, dort Pulvermächer oder Feuerstein, von Schlossberg bis Sonnenuhr gibt es unzählige mehr. Worin sich Lagen unterscheiden, wird ab Seite 68 untersucht.

DIE SAMMLER*INNEN: Hauptsache besitzen, ist hier das Motto. Man mietet sich vielleicht ein Fach in einer »Winebank«. Solche Orte bieten die richtigen Lagerbedingungen. Man führt Listen über die Schätze und ja, manchmal öffnet man auch einen. Vorrangig geht es aber darum, Weinflaschen wie Kunst zu behandeln.

Je rarer, desto teurer, desto wertvoller. Wenn dann auf dem Etikett sogar noch handschriftlich so etwas steht wie »N° 67 von 376«, weiß man, dass es maximal noch 375 andere Flaschen von diesem Jahrgang auf der ganzen Welt gibt und das verschafft einem ein gutes Gefühl.

DIE ETIKETTENTRINKER*INNEN: Wem der ganze Schnickschnack um Rebsorten, Herkunft und Qualität zu undurchsichtig und wenig verständlich ist, der greift oft auch zu schönen Etiketten. Schön ist wieder Geschmackssache. Ob klassisch à la Château mit Schnörkelschrift, schlicht und modern oder extravagant künstlerisch gestaltet – Etiketten sind Kaufmagneten. Das haben Marketingagenturen erkannt und toppen sich gegenseitig darin, Lebensgefühle durch Humor und Wortspielereien zu vermitteln. Und tatsächlich schmeckt der Wein dann wegen des Etiketts meistens gut.

DIE KRITIKEN-LESER*INNEN: In einer Zeitschrift oder in einem Magazin wird ein Wein empfohlen, also wird er gekauft. Wer diesen Beitrag geschrieben hat, weiß man erstmal nicht, kennt diesen Menschen nicht persönlich. Dazu muss man wissen, dass bei bestimmten Presseerzeugnissen Weingüter dafür bezahlen müssen, dass ihre Produkte überhaupt besprochen und verpunktet werden. Wie bei Literatur- oder Filmkritikern empfiehlt es sich, über einen längeren Zeitraum stichprobenartig kritisch zu testen, ob man die Sprache, den Geschmack, den Stil der Weinempfehlung nachvollziehen kann und sich darin wiederfindet.

DIE WEINHÄNDLER-TREUEN: Weinhändler*in, Hausärzt*in oder Anwält*in – sie alle zählen zum Sammelsurium an notwendigen Menschen, die das eigene soziale Leben bereichern können. Den kleinen Laden im eigenen Viertel unterstützt man gerne. Man kennt sich schon länger, hat auch schon mal zusammen Weine probiert, ein Vertrauensverhältnis wurde aufgebaut. Man schätzt die Fachberatung und lässt sich gerne auch mal auf eine neue Geschmacksrichtung ein. Gute Händler*innen holen ihre Kunden*innen ab und orientieren sie je nach Neugier und Vorlieben. Da ist man gut aufgehoben, braucht allerdings etwas Zeit zum Kennenlernen.

DIE NATURWEINTRINKER*INNEN: Manche langweilen sich in der normalen Weinwelt und wollen geschmacklich überrascht werden, andere achten auf alles, was sie konsumieren, und landen aus Nachhaltigkeitsgründen beim Naturwein. Allergiker*innen finden sich ein, die Schwefel oder andere Zusatzstoffe nicht vertragen und endlich wieder Wein genießen wollen, ohne dafür mit rotem Ausschlag im Dekolleté oder verstopfter Nase zu bezahlen. Diese Gattung ist neu und entwickelt sich weiter. Ihre Anhänger sind jung und alt, reich und arm, erfahrene Weintrinker oder Novizen. Eine Charaktereigenschaft haben sie gemeinsam: Sie sind neugierig. Jungen Menschen fällt der Zugang zu Wein über Naturwein leichter, da kein großes Wissen vorausgesetzt wird, der Gaumen noch nicht formatiert ist und die Szene eher gelassen und in Partystimmung daherkommt. Hier darf jede*r frei entscheiden, was schmeckt. Hier gibt es keine Lobby, keine Punkte oder Medaillen. Hypes in sozialen Medien feiern allerdings auch schon manche Weingüter und Weine wie Rockstars.

» Naturwein ist … ist die spannendste, vielseitigste und konsequenteste Art von Wein. «

– Johannes / frohnatur NATURWEINE

FAZIT

Jede Art des Weintrinkens bietet eine Orientierung in der Weinauswahl. Sicherlich existieren noch andere Charaktere und Mischtypen. Um mündig zu werden, empfiehlt sich eine bewusste eigene Entscheidung, in welche Richtung der Genuss gehen soll, eine selbst gefundene Definition, was man unter einem guten Wein für sich versteht, was man erwartet und was er denn können muss. Frei und je nach Neugierde und Wissensstand kann sich dann der eigene Geschmack auch immer wieder verändern und weiterentwickeln.

WIRTSCHAFTSFAKTOR WEIN

So wie alle anderen Märkte wird auch der Weinmarkt durch die entsprechenden Marktführer reguliert. Diese sind natürlich nicht daran interessiert, bestehende Machtgefüge zu verändern. In vielen Artikeln von Tages-und Fachzeitungen konnte man lesen, dass über 80 % der Deutschen ihren Wein in Discountern oder Supermärkten kaufen. Dadurch bestimmen diese, was getrunken werden soll, und zwar das, was sie verkaufen wollen. Logisch, oder? Der Trend zu groß und günstig ist inzwischen so fortgeschritten, dass er sich in der geografischen Aufteilung der Weinbaubetriebe widerspiegelt. Viele kleine Hersteller haben aufgegeben oder sich aufkaufen lassen, weil sie mit der Konkurrenz preislich nicht mithalten konnten. Man sieht an der Gesamt-Rebfläche, dass sie immer noch bearbeitet wird, nur eben von großen Weingütern. Für die Discounter ist das natürlich einfacher und kommt ihnen entgegen: lieber nur ein paar große Betriebe, die Menge in gleichbleibender uniformierter Qualität liefern können.

Die Veränderungen zeigt die Statistik des Deutschen Weininstituts (DWI) auf Seite 16 deutlich.

Dass Qualität auch immer mit der zur Verfügung stehenden Quantität einhergeht, ist bei dieser Verkaufsstrategie selbstverständlich. Discounter würden nie einen Wein ins Sortiment nehmen, von dem es nur 5.000 Flaschen gibt.

Mit Wein wie auch mit Socken wird Geld verdient. Ein Blick auf die Umsatzzahlen für Deutschland:

Socken

- Der Umsatz im Segment Socken & Strümpfe beträgt 2021 etwa 1.048 Mio. €.
- Laut Prognose wird im Jahr 2026 ein Marktvolumen von 1.178 Mio. € erreicht; dies entspricht einem jährlichen Umsatzwachstum von 2,36% (CAGR 2021–2026).
- Umgerechnet auf die Bevölkerungszahl werden in diesem Markt im Jahr 2021 etwa 12,49 € pro Kopf umgesetzt.

Wein

- Der Umsatz im Segment Wein beträgt 2021 etwa 11.443 Mio. €.
- Laut Prognose wird im Jahr 2025 ein Marktvolumen von 18.266 Mio. € erreicht; dies entspricht einem jährlichen Umsatzwachstum von 12,40% (CAGR 2021–2025).
- Umgerechnet auf die Bevölkerungszahl werden in diesem Markt im Jahr 2021 etwa 136,39€ pro Kopf umgesetzt.
- Der durchschnittliche Pro-Kopf-Verbrauch beträgt rund 21,9 l im Jahr 2021.

Quelle: statista.com

Sie können aufgrund ihrer Vermarktungswege gar nicht mit kleinen Gütern arbeiten, sonst müssten sie wesentlich mehr Beschäftigte einstellen, die jeden Tag nach neuen Quellen suchen.

Ein Weineinkäufer einer großen Supermarktkette kam mal in meinen Laden und erkundigte sich, wie er für seinen Betrieb Naturwein einkaufen könnte. Die Durchschnittsgröße von Naturweingütern liegt bei acht Hektar. Sie machen im Schnitt 48 Hektoliter pro Hektar. Das sind 38.400 Liter jährlich, also knapp 51.200 Flaschen im Jahr.

> Naturwein ist … anarchische Freude und Freiheit im Glas.
>
> – Andreas / Die Weinbagaluten

Übersicht

Betriebe (ab 0,5 ha) mit bestockter Rebfläche 2010 und 2016

BETRIEBSGRÖSSE (Rebfläche in ha)	BETRIEBE 2010	BETRIEBE 2016	BETRIEBE Veränderung (%)	REBFLÄCHE 2010	REBFLÄCHE 2016	REBFLÄCHE Veränderung (%)
0,5 bis 1,0	5.660	3.316	-41,4	4.039	2.371	-41,3
1,0 bis 3,0	6.294	4.684	-25,6	11.172	8.356	-25,2
3,0 bis 5,0	2.620	2.073	-20,9	10.285	8.090	-21,3
5,0 bis 10,0	3.310	2.787	-15,8	23.687	20.225	-14,6
10,0 bis 20,0	2.057	2.181	6,0	28.092	30.149	7,3
20,0 und mehr	617	890	44,2	20.183	29.760	47,5
INSGESAMT	20.558	15.931	-22,5	97.458	98.951	1,5

Zum Vergleich: Weingüter, die an Discounter liefern, produzieren im Jahr mehr als 1,5 Millionen Flaschen. Das rechnete ich ihm vor und fragte, wie viele Mitarbeiter er habe, um neue Weine zu bestellen. Meinen Vorschlag, er könne doch erstmal auf Bioweine umstellen, nahm er nicht an, denn die lägen nicht so im Trend wie Naturwein.

Für gut wird demnach befunden, was sich viel und überall verkaufen lässt – diese Weine können nur ein bestimmtes Maß an Individualität haben, sie müssen allgemein kompatibel sein. Das nennt man Mainstream. Daher frage ich in meinen Weinproben nach Trinkgewohnheiten. Bei Weißwein werden Riesling und Grauburgunder genannt, dann lange nichts. Etwa 15 % der Teilnehmenden können noch drei, vier andere Sorten nennen. Dieser Teufelskreis aus Einkaufsgewohnheiten und entsprechenden Anforderungen des Handels hat eine arme Eintönigkeit in dieser so reichen Weinwelt geschaffen.

Selbst der Riesling und der Grauburgunder, die sich auch auf Gastronomiekarten finden, sollen stets wiedererkennbar schmecken. Da sich immer weniger Menschen geschmacklich beraten lassen, zu Fachhändler*innen oder in spezialisierte Restaurants mit geschultem Personal gehen, müssen Weinbeschreibungen eindeutig sein und lassen wenig Platz für Vielfalt.

Sich darüber zu wundern oder gar erbost darüber zu sein, ist mühsam. Jede*r Weinkund*in kann stattdessen als Teil dieser Kette auf sie einwirken. Das fängt damit an, das Getränk besser zu begreifen, Angaben auf Etiketten zu recherchieren und zu verstehen, sich als Kunde*in zu erkundigen. Das heißt auch infrage zu stellen, was für einen selbst ein guter Wein ist.

Bei Aldi findet man zum Beispiel diese Weinbeschreibung: »Die Qualitätsbezeichnung ›Classic‹ wird ausschließlich bei Weinen aus gebietstypischen, klassischen Rebsorten von gehobener Qualität verwendet. Dieser charaktervolle Riesling erfüllt in vollem Umfang diesen Qualitätsanspruch. Weinstil: Weißwein still, Trinktemperatur: 9–11 °C, Geschmack: halbtrocken, Anbaugebiet: Rheinhessen oder Pfalz, Herkunft: Deutschland, Rebsorte: Riesling. Der Wein passt gut zu folgenden Speisen: Fisch, Meeresfrüchte, Pasta, vegetarisch, 0,75-l-Flasche.« (Produktbeschreibung Riesling Classic Rheinhessen/Pfalz QbA 0,75l / aldi-sued.de)

Das Portal wein.de des Verlags der Deutschen Landwirtschafts-Gesellschaft (DLG) erklärt die Qualitätsbezeichnung »Classic« so:

> Sie ist seit 2000 in Deutschland zulässig für Weine aus gebietstypischen, klassischen Rebsorten von gehobener Qualität. Pro Anbaugebiet sind zwischen einer und acht Rebsorten festgelegt. Mit Aus-

nahme des württembergischen Trollinger mit Lemberger dürfen die Weine nur aus einer dieser Rebsorten **gekeltert** werden.

Zudem sind sie Jahrgangsweine, was eine Auswahl nach individuellen Geschmacksvorlieben ermöglicht. Classic-Weine sind gehaltvolle, trockene Weine, deren Restzucker nicht über 15 Gramm pro Liter liegen darf und deren Alkoholgehalt ein Volumenprozent höher sein muss, als die entsprechende Qualitätsstufe im jeweiligen Anbaugebiet definiert. Der Winzer sucht das ideale Verhältnis von Säure zu Zucker. Der Begriff ›Classic‹ ist EU-weit geschützt, die Preise von Classic-Weinen liegen im mittleren Preissegment.« (Erlaubte Typen- und Qualitätsbezeichnungen beim Wein / wein.de)

Bezeichnungen wie »Classic« werden angeblich für die Verbraucher*innen gemacht, allerdings wissen die wenigsten davon. Zudem nützt es ihnen wenig, wenn im Ungenauen bleibt, was unter gehobener Qualität zu verstehen ist.

KELTERUNG: Keltern = Pressen

BARRIQUE-FASS: ein rundes Holzfass mit einem Fassungsvermögen von 225 Litern. Bis 350 Liter darf man es in Deutschland »Barrique« nennen. Ob das Barrique neu oder schon oft mit Wein belegt war, macht dann den Unterschied im Geschmack aus. Holzfässer werden auch getoastet, also gebrannt, damit sie einen bestimmten Geschmack abgeben. Je kleiner das Fass, desto mehr Holzkontakt hat der Wein, desto mehr Einfluss hat es auf den Geschmack.

Die Namen für die Holzfässer sind immer Maßeinheiten. So haben wir in Deutschland zum Beispiel auch das Stück (1200 l) oder das Doppelstück (2400 l). Das Fuder fasst je nach Region 800 bis 1800 Liter Sie können rund oder oval sein.

Während die Titel der Weine alle eine Definition haben, sucht man eine allgemein gültige für Qualität vergebens. Somit kann sich jedes Weingut in seinen Beschreibungen mit diesem Begriff schmücken, keiner fragt nach, was darunter wirklich zu verstehen ist.

Qualität sollte etwas mit dem Produkt an sich zu tun haben, daher folgt nun ein Blick in die Herstellung. In vielen Beschreibungen heißt es: »lag ein Jahr im alten **Barrique-Fass**« oder »ein Jahr auf der Hefe«, was aber noch nichts darüber aussagt, wie der Wein sonst hergestellt wurde.

Wie wird Wein hergestellt?

FARBEN UND GESCHMACKSRICHTUNGEN

Kurz gesagt, benötigt man zur Herstellung reife Trauben mit natürlichem Zuckergehalt, süße Trauben also. Der Zucker wird durch Hefen zu Alkohol und Kohlensäure, fertig ist der Wein. Das ist die Basis für die breit gefächerte Vielfalt der Weinsorten.

Es gibt unzählige Rebsorten aus weißen, grauen, grünen, blauen und roten Trauben. Meistens wird allerdings nur zwischen weiß und rot (schwarz) unterschieden. Aus der Burgunderfamilie kennen viele den Weiß- und den Grauburgunder sowie den Spätburgunder, auf Französisch Pinot Noir, also schwarzer Burgunder. Auch beim Grenache oder Terret existieren Farbabstufungen. Aus all den unterschiedlichen Trauben entstehen durch bestimmte Manipulationen im Keller verschiedene Weinfarben:

WEISSWEIN: Die weißen Trauben werden sofort gepresst. Der daraus gewonnene Most vergärt dann zu Wein. Wenn aus roten Trauben heller Saft direkt gepresst wird, nennt man das einen Blanc de noir, also Weiß aus Schwarz.

ORANGEWEIN: Dieser kommt vor allem im Naturweinbereich vor. Weiße Trauben werden rot gekeltert, d. h. sie werden nicht direkt gepresst, sondern eingemaischt, einfacher gesagt eingematscht. Die Beeren liegen dann noch ungepresst im Saft. Diese Herstellungsart ist in unseren Gefilden noch recht unbekannt, obwohl sie schon eine sehr lange Tradition hat (siehe auch Seite 128).

TANNINE sind pflanzliche Gerbstoffe. Schmecken kann man sie, wenn das pelzige Gefühl im Mund ist – das ist angeblich eine Eiweißreaktion im Gaumen. Ein Lüften oder Lagern von maischevergorenen Weinen kann die Tannine abrunden, in den Geschmack einbinden, sie weicher machen. Das ist auch der Grund, warum es immer heißt, Rotwein muss in die Karaffe. Das muss er nicht, wenn man raue Tannine mag. Die Lagerung in der Flasche oder aber auch in einem Holzfass, kann Tannine auch abrunden. Daher werden Rotweine oft gelagert und älter als Weißweine verkauft.

Weintrauben, wie auch andere Früchte, enthalten Tannine als Bestandteile aus Stielen, Kernen und Beerenhäuten, die zum Geschmack des Weines beitragen, insbesondere bei Rotwein bzw. maischevergorenen Weinen. Gerbstoffe sind chemische Stoffe, die zum Gerben von Tierhäuten verwendet werden. Eine abgezogene Tierhaut wird durch die Behandlung mit Gerbstoffen in Leder umgewandelt, was z. B. Fäulnis verhindert. Es gibt in der Natur vorkommende Gerbstoffe und künstlich hergestellte Gerbstoffe.

ROSÉ: Dies ist der Überbegriff für Weine aus zumeist roten Trauben, die gar nicht oder nur sehr kurz auf der Maische liegen und schnell abgepresst werden. Die Farbstoffe liegen in der Traubenhaut und manchmal im Fruchtfleisch, daher färbt sich der Wein je nach Maischestandzeit mehr oder weniger ins Rötliche. Die Farbe kann von Hellrosa bis Hellrot reichen. In verschiedenen Regionen kann auch Weißwein dazu gemischt werden. In bestimmten Regionen spricht man von Weißherbst, zum Beispiel wenn er aus dem Badischen kommt und aus Spätburgunder gemacht wurde. Diese Weine zeichnen sich durch wenige oder gar keine Tannine aus.

ROTWEIN: Rote Trauben werden eingemaischt und je nach dem, was es für ein Wein werden soll, wird einmal am Tag nachgestochen, umgerührt oder auch nicht. Je stärker man die Traubenhäute bearbeitet, desto mehr Farbe und Gerbstoffe extrahiert man, die **Tannine** also, die eben das unverkennbare pelzige Rotwein-Gefühl im Gaumen hinterlassen. Sobald die Maischestandzeit als ausreichend eingeschätzt wird, wird abgepresst. Der angegorene Most gärt dann ohne Traubenhäute weiter.

Neben der Farbe unterscheidet man auch danach, wie lange die Hefen arbeiten durften und wie viel Zucker vom Traubensaft noch übrig ist. Die Geschmacksskala zwischen süß und sauer ist unter folgenden Bezeichnungen meist am Etikett abzulesen, obwohl diese Angabe keine Pflicht ist. Das DWI erklärt sie wie folgt:

WEINSÄURE ist eine Dicarbonsäure in der Gruppe der α-Hydroxycarbonsäure. Sie gehört zu den Zuckerdicarbonsäuren (Aldarsäuren), ihre Salze und Ester heißen Tartrate. L-(+)-Weinsäure tritt beispielsweise in Weintrauben auf und ist in der EU als Lebensmittelzusatzstoff E 334 zugelassen. In Deutschland wird auch der Gesamtsäuregehalt von Weinen – berechnet als Weinsäure – angegeben, auch wenn im Wein noch eine große Anzahl anderer Säuren, vor allem Äpfelsäure, vorkommen.

Trocken ist die Bezeichnung für Weine, die fast oder ganz durchgegoren sind, d. h. mit einem Restzuckergehalt von bis höchstens vier Gramm pro Liter. Der Gesetzgeber erlaubt die Bezeichnung »trocken« darüber hinaus bis zu einem Restzuckergehalt von neun Gramm, wenn der in g/l **Weinsäure** ausgedrückte Gesamtsäuregehalt höchstens zwei Gramm pro Liter niedriger ist als der Restzuckergehalt

(Formel: Säure + 2 bis zur Höchstgrenze 9). Ein trockener Wein ist nicht gleichbedeutend mit sauer; er enthält nur wenig unvergorenen Zucker. Allerdings schmeckt man bei trockenen Weinen eine höhere Säure eher.

Halbtrockene Weine dürfen bis zu zwölf Gramm Restzucker je Liter aufweisen bzw. bis zu 18 Gramm pro Liter, wenn dabei der Restzuckergehalt den Säuregehalt um nicht mehr als zehn Gramm übersteigt (Formel: Säure + 10 bis zur Höchstgrenze 18).

Feinherb findet man auf Weinetiketten auch als Bezeichnung. Diese inoffizielle fünfte Geschmacksrichtung ist nicht eindeutig definiert, wird aber zumeist zwischen halbtrocken und lieblich eingeordnet. Obwohl sie nicht weinrechtlich reglementiert ist, erfreut sie sich zunehmender Beliebtheit.

Liebliche Weine weisen einen Restzuckergehalt auf, der die für halbtrocken festgelegten Werte übersteigt, aber höchstens 45 Gramm pro Liter erreicht.

Süß ist alles darüber. (deutscheweine.de)

Diese Werte gelten ausschließlich für stille Weine, für Schaumwein gelten gesonderte Regelungen. Geschmacksrichtungen, die nach einem Zucker- und Säuregehalt bestimmt werden, können eine Richtung anzeigen. Aber natürlich entsteht Genuss nicht nur durch Zucker und Säure .

QUALITÄTSKATEGORIEN IN DEUTSCHLAND

So wie in vielen anderen Ländern auch, gibt es in Deutschland geregelte Qualitätsabstufungen für Wein. Die Regelungen dienen dazu, Verbraucher*innen vor abgefülltem Essig zu schützen. Die Bezeichnung »handelsüblicher Wein« legt fest, welches Getränk sich auf dem Markt Wein nennen darf und welches nicht. Darf es, unterliegt es dann weiteren Unterkategorien, die gesetzlich geregelt sind. Die aktuellen Gesetze gelten in Deutschland seit 1971.

Güteklassen im Vergleich	HERKUNFT	NATÜRLICHES MINDESTMOSTGEWICHT	TATSÄCHLICH VORHANDENER MINDESTALKOHOL	GESAMT ALKOHOL-GEHALT	MÖGLICHE GESCHMACKS-RICHTUNGEN
PRÄDIKATSWEIN	100 % Weintrauben aus einem bestimmten Anbaugebiet	70°–154° / Anreicherung verboten / Amtliche Qualitätsweinprüfung	5,5 % vol. (ab BA)	–	alle
QUALITÄTSWEIN	100 % Weintrauben aus einem bestimmten Anbaugebiet	55°–72° / Anreicherung erlaubt / Amtliche Qualitätsweinprüfung	7,0 % vol.		
LANDWEIN	85 % Weintrauben aus bekannter Region	47°–55° / Anreicherung erlaubt / Lebensmittelrechtliche Kontrolle	8,5 % vol.	max. 15 % vol.	trocken, halbtrocken
DEUTSCHER WEIN	100 % Weintrauben aus deutschem Rebland	44°–50° / Anreicherung erlaubt / Lebensmittelrechtliche Kontrolle			alle

DEUTSCHER WEIN: ohne Herkunftsbezeichnung ersetzt seit der EU-Weinrechtsänderung vom 1. August 2009 den Begriff »Tafelwein«. In dieser Güteklasse dürfen neuerdings auch der Jahrgang und ausgewählte Rebsorten auf dem Etikett angegeben werden. Die Qualitätsanforderungen sind jedoch niedriger als die von Qualitäts- und Prädikatsweinen. Deutscher Wein muss ausschließlich aus heimischem Lesegut von zugelassenen Rebflächen und Rebsorten stammen. Hierzulande werden im Vergleich zu anderen Weinbaunationen nur geringe Mengen von Wein dieser Güteklasse erzeugt.

DEUTSCHER LANDWEIN: zählt zu den Weinen mit geschützten geografischen Angaben, ist also ein unkomplizierter Wein, der typisch für seine Region ist. Landwein wird überwiegend in der trockenen oder halbtrockenen Geschmacksrichtung angeboten.

QUALITÄTSWEIN: bildet die größte Gruppe deutscher Weine. Er muss zu 100 % aus einem der **13 deutschen Anbaugebiete** stammen und die amtliche Prüfung bestanden haben, die eine sensorische und analytische Kontrolle beinhaltet. Für jeden Qualitätswein sind, je nach Rebsorte und Anbaugebiet, untere Grenzwerte beim natürlichen Alkoholgehalt festgelegt. Das sogenannte Mindestmostgewicht liegt je nach Gebiet zwischen **50 und 72 Grad Oechsle.** Qualitätswein darf ebenso wie Landwein oder Deutscher Wein vor der Gärung mit einer gesetzlich begrenzten Menge an Zucker angereichert (chaptalisiert) werden, um den Alkoholgehalt etwas zu erhöhen.

13 DEUTSCHE ANBAUGEBIETE: Die 13 deutschen Weinanbaugebiete sind: Ahr, Baden, Franken, Hessische Bergstraße, Mittelrhein, Mosel, Nahe, Pfalz, Rheingau, Rheinhessen, Saale-Unstrut, Sachsen und Württemberg.

50 UND 72 GRAD OECHSLE: Das Mostgewicht ist quasi der Zuckergehalt im Most und dadurch auch ausschlaggebend für den Alkoholgehalt im fertigen Wein. Gemessen wird es in Grad Oechsle (abgekürzt °Oe); benannt nach ihrem Erfinder, dem Württemberger Apotheker und Mechaniker Ferdinand Oechsle. Das Mostgewicht kennzeichnet das Gewichtsverhältnis von einem Liter Most zu einem Liter Wasser bei 20 °C, also die Dichte. Mit zunehmender Reife der Trauben steigt der Zuckergehalt in den Beeren und damit auch das Mostgewicht im Saft. Je höher das Mostgewicht, desto höher die Qualitäts- bzw. Prädikatsstufe des späteren Weins. In den 13 deutschen Weinbaugebieten gibt es unterschiedliche Mindestmostgewichte für einzelne Rebsorten. Als Beispiel: 90° Oechsle sind 209 g/l Zucker, 97,5 g/l Alkohol und ergeben einen Wein mit 12,35 % alc/Vol. Auf Etiketten wird der Alkoholgehalt auf 0 oder 0,5 auf- oder abgerundet.

PRÄDIKATSWEIN: orientiert sich an den Öchslegraden der Trauben. Die Prädikatsstufe eines Qualitätsweins ist die höchstgestellte der gesetzlich vorgeschriebenen Angaben auf einem Weinetikett. In kaum einem anderen Land gibt es eine so breite Differenzierung wie in Deutschland, wo man sechs verschiedene Prädikate unterscheidet, für die wiederum unterschiedliche Mindestmostgewichten je nach Rebsorte und Anbaugebiet gelten, in südlicheren sind die Anforderungen meist höher.

Die Prädikate heißen in aufsteigender Reihenfolge:

- Kabinett: feiner, leichter Wein aus reifen Trauben mit geringem Alkoholgehalt
- Spätlese: reifer, eleganter Wein mit feiner Frucht, für den etwas später geerntet wird
- Auslese: edler Wein aus vollreifen Trauben, unreife Beeren werden ausgesondert
- Beerenauslese: voller, fruchtiger Wein aus überreifen, edelfaulen Beeren
- Eiswein: aus Trauben, die in gefrorenem Zustand unter minus 7 °C gelesen und gefroren gekeltert werden, sodass nur das Fruchtkonzentrat ausgepresst wird. Das Mindestmostgewicht entspricht dem einer Beerenauslese.
- Trockenbeerenauslese: Aus rosinenartig eingeschrumpften, edelfaulen Beeren bildet sie die Spitze der Qualitätspyramide. Süß und honigartig hat sie eine extreme Alterungsfähigkeit von Jahrzehnten. Solche Weine können nicht in jedem Jahrgang geerntet werden.

Im Gesetz von 1971 wurde die Qualität am Mostgewicht bemessen. Die Menge an Zucker, also auch an Alkohol im Wein soll etwas über Qualität aussagen. Je mehr Alkohol, desto besser? Die Erklärung liegt im Reifeprozess der Traube. Je länger sie reifen kann, desto mehr Aromen bündelt sie. Eine gute Reife geht meistens mit mehr Süße einher. Aromen lassen sich nicht messen, also nahm man den Zuckergehalt als Richtwert. In manchen Jahren, wenn das Wetter von null auf hundert warm wird, kann der Zuckergehalt sehr schnell ansteigen, die Aromen können da zeitlich nicht mithalten. Man kann eine Traube mit einem potenziellen Alkoholgehalt von 14,5 Volumenprozent lesen, die Aromatik kann aber noch unreif, grün, sein.

In meinen Weinprobenumfragen kennen höchstens 10 % der Weinkonsument*innen den Unterschied zwischen Kabinett und Spätlese. Schön, dass diese Qualitätsabstufungen Verbraucher*innen Orientierung geben sollen, schade nur, dass die Betroffenen diese größtenteils nicht verstehen. Selbst das Deutsche Weininstitut gesteht, es hätte mehr Aufklärungsarbeit geleistet werden müssen.

Qualitätssystem
DEUTSCHER WEINE

2021

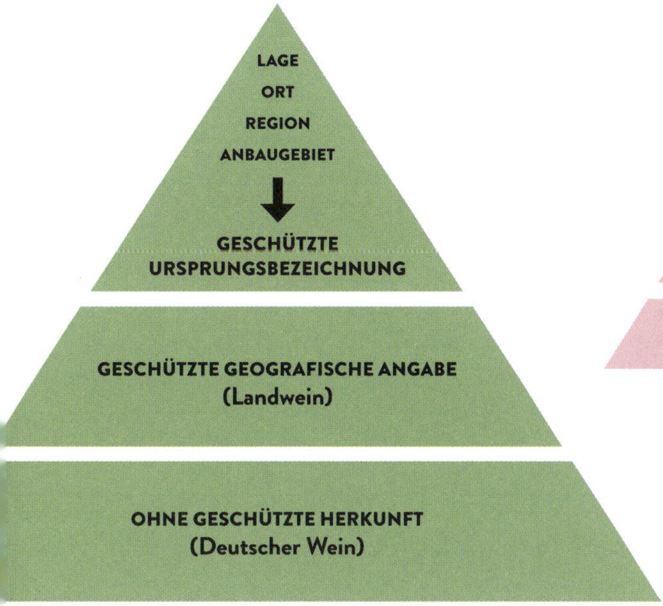

1971

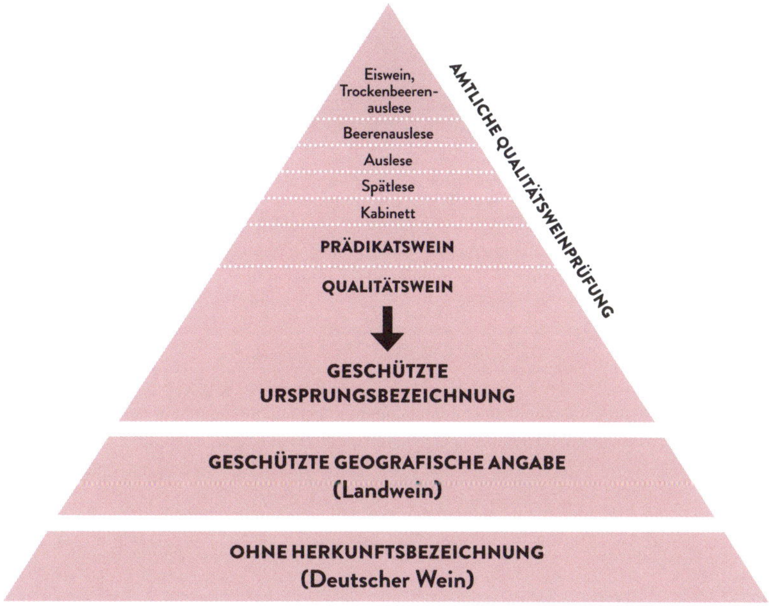

Weil die Regelung von 1971 undurchsichtig ist, gibt es seit Januar 2021 ein neues Weingesetz. Wie in anderen Ländern sollen Weine nun nur noch nach der Herkunft und nicht mehr nach dem Mostgewicht eingestuft werden. Die Rebflächen und die Subventionen für Marketing wurden neu reguliert. Der ausländische Absatz soll zudem gesteigert werden, Deutscher Wein soll im Ausland attraktiver werden und durch die neuen Bezeichnungen verständlicher, da sie an die europäischen Normen angepasst wurden. Unter Produzenten rief die Novellierung ein geteiltes Echo hervor, berichtete der Journalist Felix Schwind im Südwestrundfunk.

> Viele Winzer, vor allem Qualitäts- und Prädikatswinzer, orientieren sich bereits am romanischen Modell und begrüßen die Reform. Denn einzelne momentan etikettierte Lagen seien in Wirklichkeit riesig, der Verbraucher könne dahinter eine Qualität vermuten, die faktisch gar nicht gegeben sei. Das neue Weinrecht helfe dem Verbraucher, die Wertigkeit einzelner Weine zielsicher zu erkennen. Bei größeren Kellereien oder den zum Beispiel in Baden-Württemberg traditionell öfter vertretenen Winzergenossenschaften stößt die Reform hingegen auf Kritik. Sie befürchten Absatzeinbrüche, da bestimmte und

am Markt bereits etablierte spezifische Herkunftsbezeichnungen nun nicht mehr auf den Etiketten erscheinen dürften, weil das Anbaugebiet zu groß ist. Gerade für Regionen mit vielen großflächigen Lagen sei die Reform somit eher nachteilig.« (Herkunft statt Zuckergehalt entscheidet über Qualität / swr.de)

Neue Qualitätsmerkmale ziehen eben wirtschaftliche Konsequenzen mit sich. Aber machen die neuen Regelungen die Herstellung auch transparenter? Da keine plausible Definition in Bezug auf die Verbraucher*innen gegeben wird, weil die Beurteilungsparameter nicht klar sind, wird Qualität an der Lage festgemacht. Das ist ein Ansatz von vielen möglichen. Doch dass die kleinere Lage den besseren Wein macht, ist nicht selbstverständlich.

Die 24. Verordnung zur Veränderung der Weinordnung kam im Mai 2021. Sie soll dazu dienen, das Gesetz umzusetzen. An den mitgestaltenden Gesprächen nahmen Weinbauverbände, Landwirtschaftskammern und weitere Akteure teil. Auch Wein- und Lebensmittelkontrolleure waren einbezogen, denn sie übernehmen das Prüfen der Weine, die auf den Markt kommen. Bisher lief das laut DWI folgendermaßen:

DIE TÜV-PRÜFUNG: Seit 1971 wird jeder Qualitäts- und Prädikatswein von der amtlichen Stelle chemisch analysiert und sensorisch, also geschmacklich, geprüft. Neben der Prüfung des abgefüllten Weines werden auch das Herbstbuch und das Kellerbuch überprüft. In diesen beiden Büchern sind unter anderem die Erntemengen, die Rebsorten und Mostgewichte sowie die Zu- und Verkäufe notiert. Zur chemischen Analyse werden die Erzeugnisse in einem amtlich zugelassenen Weinlabor untersucht. Vor allem die wesentlichen Inhaltsstoffe sowie Zusatzstoffe und die Einhaltung ihrer Grenzwerte werden hier überprüft.

Wenn der Wein chemisch und physikalisch einwandfrei ist, werden drei Musterflaschen zur amtlichen sensorischen Prüfung eingereicht. Eine unabhängige Kommission verkostet und prüft jeden Wein und bewertet ihn nach einem Fünf-Punkte-Schema. Damit sichert die sensorische Prüfung den geschmacklichen Qualitätsstandard eines Weines, den er mit seinen Angaben auf dem Etikett verspricht. Nach Bestehen der Prüfungen bekommt der Wein die amtliche Prüfungsnummer, die sogenannte AP-Nummer, diese muss dann auf dem Etikett vermerkt werden. Das dreistufige System der Qualitätsprüfung sichert damit eine Mindestqualität innerhalb der einzelnen Güteklassen.

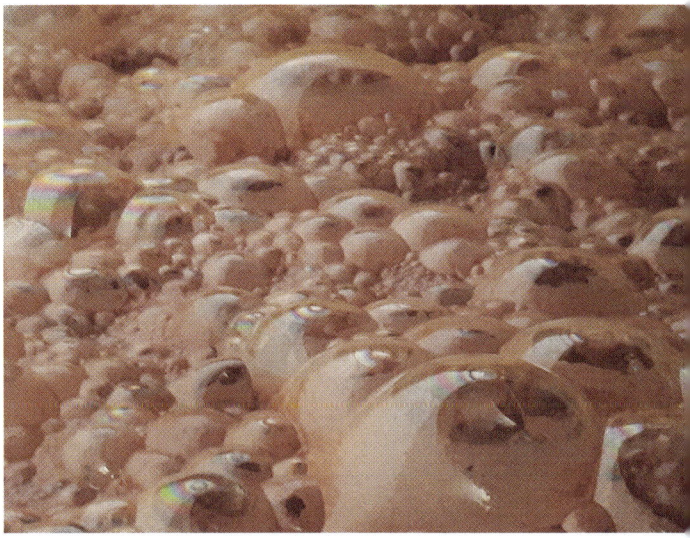

Die chemischen Analysen untersuchen nur, ob es sich um handelsüblichen Wein handelt. Es ist löblich, dass kontrolliert wird, und es dient dem Verbraucherschutz, damit kein Essig in eine tolle Weinflasche abgefüllt wird mit der Empfehlung, diese fünf Jahre reifen zu lassen. Öffnet man sie danach, merkt man: »Mist, falsch gelagert.« Zu spät.

Wie aber wurde bislang der geschmackliche Qualitätsstandard festgelegt? In Deutschland gibt es genau 56 Weinkontrolleure, die sämtliche Weine testen sollen. Sie werden von weiteren Lebensmittelkontrolleuren unterstützt. An den Sensorikprüfungen nehmen höchstens fünf Menschen, zumeist Männer, teil, um das Getränk als »ja, schmeckt nach Wein« einzuordnen und zu entscheiden, wie ein Silvaner aus Franken oder ein Riesling von der Mosel zu schmecken hat. Wie objektiv kann das sein? Welche Hilfsmittel, Verfahren und Zusatzstoffe in der Weinherstellung erlaubt sind, wird nur selten in Bezug auf Weinqualität erwähnt. Die Höchstmengen werden zwar kontrolliert, müssen aber nicht auf dem Etikett stehen. Bücher und Suchmaschinen sind gut zur Recherche, Erzählungen und Erinnerungen von Menschen geben wiederum andere Einblicke. Wie sich vieles mit der Zeit verändert hat, finde ich in persönlichen Gesprächen heraus.

Erzähl doch mal ... Hubert Lay

Einer der ersten deutschen Winzer, der mich kontaktierte, war Hubert Lay aus Ihringen am Kaiserstuhl. Er rief mich 2010 an und sagte: »Sie verkaufen endlich Naturwein in Deutschland. Meine Kollegen Pierre Frick und Patrick Meyer aus dem Elsass stellen den schon eine Weile her. Ich weiß, dass das geht, aber ich traue mich noch nicht.«

Wie hat denn Dein Vater im Keller gearbeitet, was hast Du von ihm gelernt?

Mein Vater war sehr restriktiv. Schwefel hat er benutzt, das haben ja alle. Gelatine und **Bentonit** auch, mehr aber nicht.

Hat er auch mit Reinzuchthefen gearbeitet?

Nee, alles spontan. Das war aber nicht aus Überzeugung. Er war noch aus dem Kriegsjahrgang. Verhältnisse, da können wir nur in Albträumen von träumen. Es war nichts da, die Leute hatten nichts. Er wusste aber: Irgendwann fängt es an zu gären. Das war der Grund, warum er keine Reinzuchthefen verwendet hat. Ich hatte dann die Ehre, mit den füllfertigen Weinen zum Labor zu fahren, um zu fragen, ob es so okay ist. Man hatte ja diese AP-Nummer. Der eine hat mich dann zerpflückt. »Warum nehmen Sie denn keine Reinzuchthefe?« -»Ja der Vater sagt, es gärt.« - »Ja, ist es Ihnen das wert, dass Sie jetzt einen Wein haben, der nicht verkäuflich ist als Qualitätswein?« Dann dachte ich: Ja okay, wenn es nur daran liegt, dass ich deswegen die AP-Nummer nicht bekomme, dann mache ich das eben. Als die Mickymaus-Hefen [Reinzuchthefen] kamen, da wussten wir auch, dass es ganz viele verschiedene Hefen gibt. Wenn es nach einem Tag schon gärt, muss man nichts mehr reintun. Die normalen Reinzuchthefen sind nichts anderes als Weinberghefen, die aus-

BENTONIT entsteht aus Vulkanasche und ist ein Mineral, es besteht hauptsächlich aus dem Mineral Montmorillonit aus der Gruppe der Aluminiumsilikate. Benutzt wird es wegen seiner großen Quellfähigkeit. Es wirkt wie ein Schwamm und saugt andere Stoffe wie zum Beispiel Eiweiß auf. Es gehört zu den Weinschönungsmitteln.

gelesen wurden. Hat sie gute Eigenschaften, gärt sie, bringt sie gute Aromen mit? Dann wurde sie vermehrt. Im Weinberg hast du tolle Hefen – und auch andere. Die zuerst den Wein vergärt, vergärt den Wein. Da kannst du 500 Kilo reinschmeißen, wenn die schlechte gewonnen hat, dann hast du keine Chance mehr. Das sind eben die Risiken. Ich habe immer gesagt, ich mache nichts mit dem Wein, aber gären soll er. Am liebsten mit einer guten Hefe, da fängt es an mit Qualität. Ich bin immer noch einer der kleinsten Betriebe hier in Ihringen. Wir haben gerade mal fünf Hektar, da kannst du dich nur mit Qualität profilieren.

Damals war es selbstverständlich: Weinverkauf geht nicht ohne AP-Nummer, richtig? Du hast damals keine Möglichkeit gesehen, einen deiner Weine als Landwein oder Tafelwein zu deklarieren und zu verkaufen?

Nein, das war ja total verpönt. Das gab es einfach nicht, sollte gar nicht sein. Da hast du eben den Wein fünfmal angestellt zur AP, bis er sie bekommen hat.

1971 wurde das deutsche Weingesetz herausgebracht und du warst genau in diesem Moment durch Zufall in Bonn im Deutschen Bundestag. Wie hast du diese Veränderung empfunden?

Damals wurde ja unterstellt, dass alle Panscher sind. Und die EU war ein Weinsee – es gab zu viel schlechten Wein. Durch das neue Gesetz hat man sich erhofft, dass Qualitätsweine sich durchsetzen, die schlechten sich verdünnisieren und die Erntemenge reduziert wird.

Was war denn damals die Definition von Weinqualität?

Schwierig, es gab halt zu viel. Und es gab schlechte Weine, die bakteriell verdorben waren, die wurden ja auch auf den Markt geschmissen. Die kamen als Tafelweine raus und daher hat der Tafelwein seinen schlechten Ruf. Keiner wollte mit Tafelwein arbeiten.

Als das neue Weingesetz kam, musstest du ihn vor dem Verkauf mit drei Flaschen und einer Analyse zur Prüfstelle bringen, das gab es vorher nicht. Früher stand auf dem Etikett »Weinbau Lay« und »Silvaner«, das

STICKSTOFF: Ein Großteil der pflanzlichen Materie enthält Stickstoff. Er ist ein wichtiges Bauelement aller Lebewesen und das wesentliche Element der Proteine und Proteide – und der DNS. Als Baustein aller Enzyme hilft er mit, den pflanzlichen, tierischen und menschlichen Stoffwechsel zu steuern. Ohne Stickstoff geht gar nichts. Der Gesamtstickstoffgehalt der Böden wird durch Klima, Vegetation, Bodenart, und nicht zuletzt durch den Menschen beeinflusst.

war es, mehr stand nicht drauf, der Alkoholgehalt musste auch noch nicht draufstehen. Vielleicht noch Kaiserstuhl, aber Baden war auch noch nicht üblich. Dann musstest du eben zur Prüfstelle, wo damals angeblich sieben Menschen saßen und den Wein verkosteten. Und wenn die gesagt haben »nööö«, dann konntest du den Wein nicht als Qualitätswein verkaufen. Das hat schon eine Selektion gebracht. In Ihringen waren wir damals zwölf Weinbetriebe. Nach Einführung der AP-Nummer, so zwei, drei Jahre später, gab es nur noch sechs. Damals gab es Erträge von teilweise acht, neun Zentnern pro Ar [ca. 40 t/ha]. Das ging mit jeder Menge **Stickstoff** auf dem Weinberg.

Es gibt ein Buch, herausgegeben vom Weinbauinstitut: *Weinrecht zum Anfassen* – zuerst war das eine lose Blattsammlung. Du hast jeden Monat einen Umschlag zugeschickt bekommen, die Ergänzungslieferung. Da hieß es: »Seite 15 bis 19 raus, dafür die neuen sechs Seiten rein!« Das war dann den Betrieben zu blöd, dem Weinbauinstitut auch, das war ja ein riesiger Aufwand. Dann haben die gesagt: Dann machen wir jetzt ein Buch. Bis das gedruckt war, hat es schon nicht mehr gestimmt, inzwischen gab es schon wieder Erneuerungen. Wir haben ja die EU, da kommen die Verordnungen raus, das kommt von oben runter und nach Deutschland. Deutschland sagt dann: »Können wir das brauchen?« Deutscher Weinbauverband so: »Ja / Nein« Dann geben sie es an die Länder weiter. Dann entscheidet das Land: »Können wir das brauchen? Machen wir das anders?« Und jeden Monat kommt wieder etwas Neues. Als Weingutsbesitzer, der arbeitet, kannst du das gar nicht fassen. Ich habe mal versucht, das durchzulesen, du wirst wahnsinnig. Da ist ja alles geregelt: weinhaltige Getränke, Sekt, Liköre – alles, wo Wein drin ist, ist in dem Buch drin. Die erste Ausgabe hatte ich noch gekauft, die weiteren dann nicht mehr. Ich habe das dann so gemacht: Wenn was war, habe ich die Weinkontrolle gefragt.

Ich habe vor Kurzem mit denen telefoniert, man sagte mir, es gebe 56 Weinkontrolleure in Deutschland, die entscheiden, wie das Gesetz ausgelegt wird.

Ja, das habe ich mehrfach erlebt. Einer sagt ja, dann gilt es. Und wenn ein anderer kommt, dann gilt es nicht mehr. Jedenfalls zu dem Weinrecht gab es auch eine Liste der Behandlungsstoffe, was verwendet werden darf. Da war dann das **Kaliumhexacyanoferrat**, das **PVPP** und wie die alle hießen.

Gab es auf der Liste auch Stoffe, die man auf dem Weinberg benutzen darf?

Nein, auf dem Weinberg war das einfach gute alte fachliche Praxis: Dünger und Pflanzenschutzmittel. Früher gab es ja diese Stoffe, die Kontaktwirkung hatten. D. h. sie haben immer nur den Pilz angegriffen, wenn er auf der Pflanze war. Dann kam 1970 – das war Du Pont, der hat ein Mittel rausgebracht gegen Botrytis, gegen diese Stielfäule, auf systemischer Basis. Dieses Mittel wird von der Pflanze aufgenommen und wirkt von innen raus. Dann haben die gesagt: Ihr braucht keine Laubarbeiten mehr zu machen, das geht jetzt alles von alleine, das Mittel wirkt von innen raus. Zwei Jahre lang hat es gewirkt, ganz toll, keine Fäulnis mehr, nichts mehr. Und im dritten Jahr lagen die Trauben unten am Boden. Da war Resistenz da und das Mittel hat nicht mehr gewirkt. Man hatte ja hohe Erträge, man hat viel Stickstoff verwendet, dann kam die Fäule und durch das Gewicht fiel die Traube runter. In dem einen Jahr haben wir die Trauben aufgelesen und nicht abgeschnitten – nee! Seither sind die in einem unheimlichen Zugzwang, weil die Mittel, die sie rausbringen, diese systemischen, nur zwei Jahre wirken. Nach drei Jahren müssen sie einen neuen Wirkstoff haben. Es gab Jahre, da gab es keine neuen Mittel mehr, dann hat man halt auf die alten zurückgegriffen, weil die immer noch die besseren waren, bis sie wieder einen neuen Wirkstoff hatten. Und so läuft es jetzt in den letzten 50 Jahren. Inzwischen reden sie von Resistenzmanagement.

KALIUMHEXACYANIDOFERRAT wird in der Lebensmittelindustrie als Trennmittel und Stabilisator verwendet. In Lebensmitteln darf es nur in geringen Mengen verwendet werden, weil sich zum Beispiel beim Erhitzen Blausäure bilden kann. Es ist in der EU als Lebensmittelzusatzstoff mit der Bezeichnung E 536 nur für die Verwendung in Kochsalz und Kochsalzersatz als Rieselhilfe zugelassen.

PVPP (POLYVINYLPOLYPYRROLIDON) oder auch E1202 ist Klärungsmittel, hilft gegen oxydative Noten.

Man soll jeden Wirkstoff nur einmal einsetzen oder maximal zweimal im Jahr, so kann man dann die Zeit rauszögern.

Im Weingesetz wurde aber nichts über den Anbau geregelt.

Nein, die Pflanzenschutzliste wird jedes Jahr neu erfasst, wo dann die Wirkstoffe drin sind, die noch erlaubt sind. Alle zugelassenen Mittel dürfen als Rückstand im Wein sein. Das ist überhaupt kein Problem. Wenn du aber ein Mittel verwendest, das nicht mehr zugelassen ist, dann kommst du in Teufels Küche. Da gibt es die **BBA**, die die neuen Stoffe von Bayer, Höchst oder Schering erstmal mehrere Jahre getestet hat. Was die genau gemacht haben, weiß auch keiner. Ob sie das an Mäuse verfüttert und geguckt haben, ob die tot umfallen oder wie viele, es geht ja immer um die **Letale Dosis, LD**. Als dann dieses Tempo kam, dass es alle zwei, drei Jahre nicht mehr gewirkt hat, da kamen die Winzer und die Verbände und haben gesagt: »Es ist ja ganz nett, dass es euch gibt, aber wir brauchen jetzt ein Mittel, sonst sind die Erträge futsch.« Und dann wurden die Mittel kurzerhand zugelassen. Ein Chemiker schaut sich das an, sagt: »Naja, normalerweise fällt da niemand tot um.« Also wird es zugelassen. Das hieß dann »vorläufige Zulassung«. Das konnten sie ja machen, weil sie wussten, dass es nach drei Jahren eh nicht mehr wirkt und wieder vom Markt genommen wird. Ich habe sie gerade da, die neue Liste, was gerade zugelassen ist. Wenn du das liest, wird es dir schlecht. Die Chemiker versuchen halt, auf allen Gebieten etwas zu finden, das pflanzenverträglich ist und die Krankheiten bekämpft. Da werden alle Register gezogen, ich kann das nicht einmal lesen, so krumme Wörter sind da drin. Laut aktuellem Pflanzenschutzgesetz darfst du solche Mittel nicht in den Müll schmeißen, auch nicht als Sondermüll, die nehmen das auch nicht an.

BBA: Biologische Bundesanstalt in Braunschweig, heute ist das Bundesamt für Verbraucherschutz und Lebensmittelsicherheit zuständig. Verschiedene Institute werden beauftragt, damit kein »Klüngel« entstehen kann. Es geht jetzt vorwiegend um Resistenzmanagement. Man versucht Stoffe zu entwickeln, die länger wirken.

LETALE DOSIS, LD: Die letale Dosis ist in der Toxikologie die Dosis eines bestimmten Stoffes oder einer bestimmten Strahlung, die für ein bestimmtes Lebewesen tödlich (letal) wirkt.

Die Vorschrift ist: Wenn du was übrig hast, sollst du das im Weinberg entsorgen, da ist das eh. Die Verpackung, voll gereinigt, wirst du noch los. Wenn irgendwann mal eine konsequente Regierung kommt, dann werden die Weinberge geschlossen als Sondermülldeponien. Ich bin seit 30 Jahren bio und spritze immer noch das Gleiche, viel einfacher.

Was wünschst Du Dir in einem neuen Weingesetz?

Es nützt ja nichts, wir haben nach wie vor über 90 % Nicht-Ökos. Ich war ja an der Berufsschule und habe die Jungen gesehen. Einen Teil hat das gar nicht interessiert – »Da kommt der Ökospinner« und so –, andere haben zugehört und sich Gedanken gemacht. Wenige haben sogar mit Öko angefangen. Das Interesse ist schon da, man muss es den Leuten aber auch rüberbringen. Aber wie? Das ist das Problem. Wir haben jetzt hier in Baden-Württemberg seit zehn Jahren eine Grüne Landesregierung und unsere Staatsbetriebe arbeiten immer noch konventionell. Das **Staatsweingut** Freiburg hat zwar das Ecovin-Label, aber nur für eine kleine Anlage mit **PIWIs.** Beide Staatsbetriebe hier sind nach wie vor konventionell. Wie soll ein Staat das rüberbringen, wenn sie noch nicht einmal im eigenen Betrieb – und sie bezeichnen sich als Lehrbetriebe – mit dem Beispiel vorangehen? Wie willst du dann einen Winzer überzeugen? Es wäre relativ einfach, Öko ist einfach. Als ich den ersten Vortrag darüber vor 30 Jahren gehört habe, sagte ich mir: Es ist einfacher als das andere, nur in der Blüte ist die Rebe sehr empfindlich. Da musst du da sein mit Pflanzenschutz. Ein Genossenschaftswinzer heute mit 20, 30 Hektar, der kann nicht auf den Wetterbericht gucken – morgen Nacht soll es regnen – und an einem Tag all seine Weinberge behandeln, das klappt nicht. Es liegt eben auch an der Größe der Weingüter. Ein Ökobetrieb hat das so gelöst, dass er jede

STAATSWEINGUT: Was viele nicht wissen: Jedes Bundesland in Weinbaugebieten in Deutschland betreibt eigene Weingüter.

PIWIS: Pilzwiderstandsfähige Neuzüchtungen (PIWIs) – die Innovation der Rebenzüchtung. Sie liefern Weine mit hochwertiger Qualität und besitzen gleichzeitig eine hohe Widerstandsfähigkeit gegenüber den beiden bedeutendsten im 19. Jahrhundert eingeschleppten Schaderregern im Weinbau (Echter & Falscher Mehltau), die im Weinbau einen sehr intensiven Pflanzenschutzaufwand erfordern. Eine Ausweitung der Anpflanzung dieser Sorten wäre die beste Strategie, um den Pflanzenschutzaufwand im Weinbau nachhaltig zu reduzieren und so die Umwelt zu schonen. Und der Winzer spart Zeit und Geld. und kann sein Sortiment um interessante Weine erweitern. (vgl. zukunft-weinbau.de)

Woche nur jede zweite Reihe spritzt, so haben sie ständig ein schützendes Präparat auf dem Blatt. Darauf musst du dich einrichten, zwei, drei Schlepper kaufen, kostet einen Haufen Geld, zwei, drei Pflanzenschutzspritzen und das Personal, um es auszubringen. Das ist halt der Punkt, diese großen Betriebe können mit den normalen Mitteln kein Öko machen.

Du machst jetzt Bio oder Biodynamisch?

Ich bin ja seit 30 Jahren bei Ecovin. 2008 war die Öffnung von Demeter für Wein. Dann habe ich ein Seminar über Biodynamie besucht, hab dann gleich bei dem Referenten die Präparate bestellt. Ich mache das seit 2008. Ich bin damals mit Ecovin zertifiziert, Demeter auch noch? Das sind jeweils 3.000 Euro, da habe ich gesagt, das Geld habe ich nicht. Und zweimal zertifizieren? Wer mir das Öko nicht glaubt, soll es bleiben lassen.

Was hat Dich denn an der Biodynamie überzeugt, dass das jetzt besser ist als Bio?

Gut, ich habe mir das angehört von dem, na wie hieß er denn, der große …?

Rudolf Steiner?

Ja, die **Steiner'sche Lehre** des biodynamischen Landbaus habe ich mir angehört, ich war in zwei weiteren Seminaren auf anderer biodynamischer Ebene. Alle sagen, es bringt eine Verbesserung der Weinqualität. Da habe ich gedacht, das machste mal. Wenn's was bringt, ist gut, passieren kann dir nichts mit biodynamisch, die Präparate sind ja harmlos, kannst nichts falsch machen. Damals hast du die Präparate für unter 100 Euro gekriegt für meinen Betrieb. Kostentechnisch fiel das nicht ins Gewicht. Heute ist es etwas teurer geworden, normal. Und seit ich das mache, habe ich immer das Gefühl, dass der Wein von Jahr zu Jahr ein Stückle besser geworden ist. Ob es jetzt am Biodynamischen lag oder an der Witterung, kann ich dir nicht sagen.

RUDOLF STEINER: Begründer der Anthroposophie. Alle kennen Waldorfschulen, wo nach anthroposophischen Grundsätzen unterrichtet wird.

(ERLAUBTE) HERSTELLUNGSVERFAHREN

Es wird unterschieden zwischen herkömmlichem Wein, Biowein, Biodynamischem Wein und Naturwein.

HERKÖMMLICHER WEIN: Darunter versteht man die Masse an Weinen im Handel ohne Spezifizierungen oder Label wie beispielsweise Demeter, Ecovin, Naturland oder Bioland. Die Entscheidung über ein Label liegt immer beim Weingut, ist also nicht zwingend.

Beim Anbau der Trauben dürfen synthetische Mittel gespritzt werden. Da Wein in der EU nicht als Lebensmittel, sondern als Genussmittel eingestuft ist, gelten andere Richtlinien. Die Lese kann maschinell per **Vollernter** oder per Hand erfolgen. Bei der Vergärung darf auf eine Vielzahl an Stoffen und Verfahren zugegriffen werden, die teils als Hilfsmittel oder Zusatzstoff gelten. Letztere verbleiben im Endprodukt; Hilfsmittel sind im fertig abgefüllten Wein nicht mehr enthalten. Sie werden mit anderen Hilfsmitteln wieder entfernt oder setzen sich ab.

VOLLERNTER: Maschine zum Traubenernten

KIESELGUR ist ein mineralischer Stoff, der Partikel (Trub) aus dem Wein entfernt. Die sogenannte Anschwemmfiltration. Er besteht vorwiegend aus Siliciumdioxidschalen, einer Art Quarze.

Die alkoholische Vergärung – also die Umwandlung von Zucker in Alkohol – wird durch Hefen animiert. Diese sogenannten Reinzuchthefen kann man in Winzerzubehör-Online-Shops oder anderen Märkten in unzähligen Geschmacksrichtungen kaufen und in den Traubensaft geben. In den Beschreibungen steht zum Beispiel: »Spezialhefe für exotische Fruchtnoten wie Maracuja, Pampelmuse« oder »für komplexe aromatische Weißweine im Stil der neuen Welt«. Für Rotwein gibt es Hefen »für strukturierte und moderne Dornfelder Weine« oder für »Red Roman, Rotwein Bordeaux-Typ«. Vitamine, Hefenährstoffe, Hefe-Aktivatoren, Starterkulturen für die Einleitung des biologischen Säureabbaus, **Kieselguren**, Enzyme, Produkte für die Klärung und die Schönung, zur Harmonisierung, Tannine, Holzchips in verschiedenen Geschmacksrichtungen, die etwa die Komplexität und »feine Mandel- und Karamellnuancen« steigern – alles erlaubt.

BIOWEIN: Diese Weine werden im Anbau biologisch bearbeitet. Viele Menschen glauben, Biowein sei überhaupt nicht gespritzt. Aber auch Biobauern haben keine Glasglocke über ihren Weinbergen und müssen etwas gegen Pilze, Fäulnis oder Insekten unternehmen. Dies tun sie mit organischen Mitteln. Je nach Label oder Zertifizierung sind jene erlaubt, andere nicht, in unterschiedlichen Mengen.

In der Verarbeitung der Trauben im Keller sind weniger Hilfsmittel und Zusatzstoffe zugelassen, die Liste liest sich allerdings immer noch wie ein Chemielabor. Hefen, Vitamine, Enzyme und Schwefel finden sich auch hier.

BIODYNAMISCHER WEIN: Der Anbau erfolgt nach den Lehren von Rudolf Steiner und seiner Idee, einen Mikrokosmos zu schaffen, in dem alles allem gut tut. Oft werden Biodynamiker in eine esoterische Ecke gedrängt, weil sie zum Beispiel nach dem Mondkalender arbeiten. Da sei die Frage erlaubt, wo die Menschheit heute stünde, hätten unsere Urahnen in der Landwirtschaft nicht mal einen Blick in den Himmel gewagt (siehe auch Seite 54–58). Im Keller sind weitaus weniger Mittel

BIOLOGISCHER SÄUREABBAU: auch BSA oder Malolaktische Vergärung genannt. Milchbakterien verwandeln die Apfelsäuren zu Milchsäuren. Dieser Vorgang macht die Weine runder und harmonischer. Bei Naturwein wird er nicht kontrolliert erzwungen und passiert auch manchmal in der Flasche. Seit 2006 sind ausschließlich die allergenen Stoffe aufzuführen. Schwefel, Milch und Ei sind auf Etiketten erwähnt. Hier werden Maximalmengen festgeschrieben, die tatsächlich vorhandene Menge muss allerdings nicht auf der Flasche erwähnt werden.

erlaubt, wie das bekannteste biodynamische Label Demeter zeigt. Auch sind dort die Schwefelhöchstmengen deutlich niedriger angesetzt.

NATURWEIN: Die Basis von Naturwein ist der Verzicht auf synthetische Mittel auf dem Weinberg. Ein Bio- oder biodynamischer Anbau ist mit oder ohne Zertifikat die erste Voraussetzung. Die Trauben werden auf jeden Fall handgelesen. Sie werden ohne Zusatz von Hefen spontanvergoren. Die Trauben bringen natürliche Hefen aus dem Weinberg mit. Und im Keller sind auch genug davon.

Während der Vergärung wird nichts hinzugefügt und nichts herausgenommen. Es wird also weder geschönt noch geklärt, weder be- noch entsäuert. Der Traubensaft, der eingemaischt oder direkt gepresst vergärt, wird lediglich begleitet, damit die Hefen den Zucker zu Alkohol und Kohlensäure verwandeln und kein Sherry oder Essig entsteht, was aber eben auch passieren kann. In der allgemein gültigen Definition von Naturwein darf – wenn überhaupt – als einziger Zusatzstoff Schwefel hinzugegeben werden, allerdings erst nach der Vergärung, wenn der Traubensaft zu Wein geworden ist und sich nur noch ausruht oder bei der Füllung in die Flasche. Lediglich in Frankreich ist Naturwein seit Mitte 2020 mit einem Label versehen und das nur für Flaschen, deren Weingüter sich das Label gekauft haben. Die meisten Naturweine im Verkehr sind noch ohne Label (siehe auch Seite 124).

Die Definition variiert je nach Land und Verband. Meistens geht es nur um die Menge an Schwefel und ob eine Filtration erlaubt ist oder nicht. Auch der Zeitpunkt der Schwefelung wird diskutiert. Daher kommt der französische Begriff »zéro/zéro« zur Bezeichnung von Weinen, die weder geschwefelt noch gefiltert wurden. Die anderen werden oft die »moins le quart« genannt, also »Viertel vor« oder »kurz davor«, wenn man zéro/zéro als Stunde null versteht. Weniger geht nicht.

PET NAT – der andere Schaumwein: Neben Champagner, Crémant, Cava, Prosecco und Sekt gibt es im Naturweinbereich den Pet Nat, eine Abkürzung des französischen Begriffs »Pétillant Naturel«, natürlich perlender Wein. Dazu wird ein Wein – weiß, orange, rosé oder rot – gegen Ende der alkoholischen Vergärung in eine Flasche gefüllt und mit Kronkorken verschlossen. Er gärt dort weiter. Die entstehende Kohlensäure kann, anders als im Gärbehälter, nicht entweichen und bleibt in der Flasche. Wie bei Sekt oder Champagner wird die Flasche dann dégorgiert. Dazu wird die Flasche kopfüber gestellt, die restliche Hefe sammelt sich im Flaschenhals (la gorge) und wird dann durch kurzes Öffnen herausgeschleudert. Wieder auf

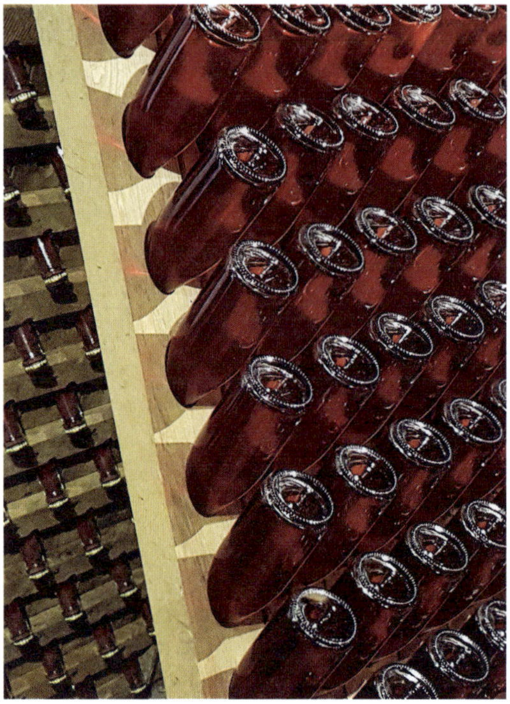

DÉGORGIEREN: Die Hefe, die sich zur Vergärung im Wein befindet, setzt sich ab. In einer umgedrehten Flasche im Flaschenhals – la gorge auf Französisch. Der Schaumwein in der Flasche ist klar. Die Hefe wird, evtl. mit Hilfe von Trockeneis, durch das Öffnen der Flasche entfernt, die Flasche wird wieder auf Füllmenge gebracht und verschlossen.

Füllmenge gebracht wird die Flasche erneut verschlossen. Sie ist dickwandiger, da sie den Kohlensäuredruck aushalten muss. Das **Degorgieren** ist aufwendig und bringt Verlust mit sich, daher verzichten mittlerweile viele Weingüter darauf und bringen die Pet Nats mit Hefelager auf den Markt. Da die noch vorhandenen festen Teile im Schaumwein nach dem Öffnen zu erhöhter Kohlensäure-Entfaltung beitragen, ist es ratsam, solche Flaschen gut gekühlt vorsichtig aufzumachen. Pet Nats können auch noch Restzucker haben, sie können mit Kronkorken oder Champagnerkorken mit Agraffe verschlossen sein – sie können alles, müssen nichts.

Neben Pet Nats aus Weintrauben gibt es inzwischen die fantasievollsten Mischungen mit anderen Obst- und Gemüsesorten. Fruktstereo aus Schweden machte es vor, indem sie Birnen zusammen mit Spätburgunder vergären ließen. Der »Wider« (wine and cider) von Andrea Calek und Cyril Zangs ist eine Mischung aus Syrah und Apfel. Rote Bete und Karotten enthalten Zucker und können, wenn Hefen, zum Beispiel aus Trauben, vorhanden sind, vergären. »It's all about fermented juice«, sagt Karl von Fruktstereo und meint damit: Wenn die Fermentation – die Verwandlung von Zucker in Alkohol und Kohlensäure durch Hefen – einmal verstanden ist, ist alles möglich und vergärbar. Grundsätzlich handelt es sich bei Wein um vergorenen Traubensaft. Wie sehr dieser in welche Richtung gelenkt wurde, mit welchen Mitteln gearbeitet wurde, darüber geben Bio- bzw. biodynamische Zertifikate Auskunft.

Bei herkömmlichem Wein, Biowein und biodynamischem Wein kann durch Eingriffe wie Schwefelzugabe die Vergärung gestoppt werden, sodass auch liebliche, halbtrockene oder eben trockene Weine mit Restzucker abgefüllt werden können. Der Schwefel tötet die Hefen ab, sodass sie nicht den gesamten Zucker zu Alkohol vergären.

Bei Naturwein wird auf Schwefelzugabe während der Vergärung verzichtet. Im besten Fall gärt der Saft komplett durch. Dann bleibt nur etwa ein Gramm unvergärbarer Restzucker pro Liter übrig. Die logische Konsequenz dieser Machart: Es gibt kaum Weine mit schmeckbarem Restzucker. Für Freund*innen lieblicher Weine bleibt da nur der Griff ins herkömmliche Regal. Liebliche Weine dürfen allerdings bis zu 500 Milligramm Schwefeldioxid pro Liter enthalten. Fragt sich, ob die Kopfschmerzen am nächsten Tag vom Zucker oder vom Schwefel kommen.

Hefen sind Lebewesen mit einer bestimmten Lebensdauer, die auf natürliche Weise absterben. Das kann zum Beispiel passieren, wenn der Alkoholgehalt zu hoch wird. In diesem Fall kann es auch einen Naturwein mit Restzucker geben.

» Naturwein ist … die perfekte Mischung aus Tradition und Innovation «

– Ramona / 8greenbottles

FAZIT

Die Herstellungsmöglichkeiten von Wein bilden ein buntes Panoptikum an Rezepturen. Wie und warum so oder anders produziert wird, hüten viele Weingüter als Betriebsgeheimnis. Dass diverse Mittel erlaubt sind, heißt noch nicht, dass sie in jedem Wein enthalten sind. Sie können aber und Verbraucher*innen werden es nicht erfahren.

Ein junger Winzer in einem Önologiekurs sagte einmal: »Wenn wir allen sagen, was wir in den Wein hineintun, geht doch die ganze Romantik flöten.« Die Naturweinwelt ist zwar auch nicht so romantisch, wie man es sich vielleicht vorstellt, in ihr wird aber offen über die Machart geredet, weil sie der Grundstein der Definition von Naturwein ist.

Von S. Schrade übersetzt, von C. Mendoza erstellt

enen Traube

AVN **S.A.I.N.S.**

30 - 40

Restspuren**

*** Ohne jeglichen Zusatzstoff, ungeschwefelt**
**** Nur natürlicher Schwefel vorhanden**

Was geschah bisher?

Naturwein ist keineswegs etwas Neues. Daher geht es nicht um Rebellion oder gar Revolution, sondern um eine natürliche Fortsetzung der Geschichte. Von Archäologen belegt sind Spuren einer Weinkultur in Mesopotamien, die auf 6000 vor Christus datieren. Hier soll aber nicht die komplette Weingeschichte auf der ganzen Welt skizziert werden, da die unterschiedlichen Entwicklungen einem Geschichtsbuch über Kriege, Machtherrschaften und Völkerwanderungen ähneln würden. Das Getränk hat alle Veränderungen der Menschheit mitgemacht. Ähnlich wie z. B. Sprachen hat sich Wein mit den Menschen, dem Klima und den politischen Gegebenheiten weiterentwickelt. Da der dazugehörige Rausch ein nicht nur wirtschaftliches Machtinstrument ist, liegt es nahe, dass Wein auch als Werkzeug für Machtspiele diente. Im Römischen Reich wurden die Legionen mit Wein aus dem Süden beliefert, bis man es praktischer anging und in Teilen der besiedelten Regionen Rebstöcke anpflanzte, um die Transportlogistik zu erleichtern.

Die unterschiedlichen Sorten wurden per Samen getauscht, angebaut und den klimatischen Bedingungen angepasst.

OXIDIEREN: Oxidation ist eine chemische Reaktion von Stoffen bei Sauerstoffkontakt.

In vielen Belegen wird von gutem oder schlechtem Wein gesprochen. Aus dem Mittelalter findet man gerade für deutsche Weine eigentlich nur zwei Benennungen: fränkischen und hunnischen, um guten und schlechten Wein zu unterscheiden. Fritz Scheuermann, Önologe und Mitglied in der Gesellschaft für Geschichte des Weines e.V. hat versucht, dem Ursprung dieser Benennungen nachzugehen. Allerdings sind die Quellen zu umfangreich und unterschiedlich, um dieses Rätsel endgültig zu lösen.

Wie Wein beurteilt wurde, bestimmten die Händler. Das Wort Marketing gab es zwar noch nicht, Wein war aber ein Wirtschaftsgut, ein Verkaufsartikel. Die Entscheidungen, welche Weine nun als gut oder schlecht bezeichnet wurden, waren auch in früheren Zeiten subjektiv. Schriftliche Belege für den damaligen Weingeschmack muss man mit Vorsicht betrachten. Zudem müsste man wohl den regionalen Speiseplan der jeweiligen Zeit zurate ziehen. Wie schmeckte wohl eine Karotte im Mittelalter? War die Bezeichnung »süß« identisch mit dem was wir heute unter »süß« verstehen?

Zusatzstoffe und Hilfsmittel hat es schon immer gegeben. Die Problematik der Vergärung, mangelnde Säure und zu wenig Alkohol je nach Jahrgang brachten schon sehr früh Menschen dazu, den Wein trinkbarer zu machen. Ob durch Zusatz von Honig oder Kräutern, Schwefel oder einfach Trauben, man behalf sich, um den Wein länger haltbar und vor allem genießbar zu machen. Schwefel wurde um 1500 ein aktuelles Thema im Sinne des Schwefelns von Fässern. Mit Dochten wurden die Fässer geräuchert und der Wein behielt seine Farbe, ohne zu stark zu **oxidieren**. Damals war man vorsichtig mit diesem Stoff, 1487 mahnte Kaiser Friedrich III.: »Das Schwefeln ist bei schlechten Zeiten erlaubt, aber welcher oder welche ihren Wein also geschwefelt haben, der oder dieselben sollen den auch also für geschwefelt verkaufen, das den Kaufenden eröffnen, damit der selbige Wein nit weiter geschwefelt« (Schrenk u. Weckbach, 1997) wird. Interessant ist an diesem frühen Text

(neben dem Gendern) die Sorge um den Verbraucherschutz. Ein Gebot an Transparenz, wie es aktuell nur bedingt gegeben ist – ab elf Milligramm pro Liter muss Schwefel erwähnt werden, allerdings ohne genaue Mengenangabe. Damals wurde Wein nicht in Flaschen, sondern in Fässern verkauft und bei jedem Umfüllen hätte ein erneutes Schwefeln eine Überschwefelung und damit den dicken Kopf nach dem Genuss zur Folge gehabt. Kritisch wurden auch die Behälter betrachtet, Bleigefäße etwa hinterließen Spuren, verunreinigten den Wein.

Über Hefen oder Filtrationen findet man sehr wenig Information. Vermutlich wurde ausschließlich auf den traubeneigenen Hefen vergoren. Teilweise konnte man nach der wissenschaftlichen Entdeckung und Untersuchung von Hefen in der Mitte den 19. Jahrhunderts anders damit umgehen, da man begriffen hatte, wie man sie so züchtet, dass sie sich vermehren und somit ihre Kraft potenziert werden kann.

EINE KLEINE WEIN-CHRONIK

Ein Auszug aus Woscheks Weingeschichte (Geschichte / woscheks-weinwissen.de) zeigt deutlich, dass der biologische Anbau von 1800 im 20. Jahrhundert nicht mehr Standard war. Synthetische Pflanzenschutzmittel hatten in der ersten Hälfte des Jahrhunderts Einzug durch die Hintertür gehalten, ohne in die Qualitätsparameter von Wein einzufließen:

1482 DEUTSCHLAND: In einer Erklärung fränkischer Fürstbischöfe wird das Weinpanschen verurteilt. Sie enthält Anweisungen über die zugelassenen Behandlungsmaßnahmen bei der Weinherstellung, zum Beispiel das Keltern der Trauben ohne Zusätze oder das maßvolle Schwefeln.

1495 DEUTSCHLAND: Weinverordnung des Markgrafen von Baden, in dem unter anderem die Verwendung von Schwefel zur Konservierung des Weins geregelt ist. 1498 erlässt der Reichstag in Freiburg die »Ordnung und Satzung über den Wein« des Heiligen Römischen Reiches Deutscher Nation.

1718 DEUTSCHLAND: Wein wird erstmals auf Flaschen gefüllt (in Hannover).

1789 FRANKREICH: Erforschung der alkoholischen Gärung durch Lavoisier.

1795 ENGLAND: Erstmals ein Patent für einen Korkenzieher, der von Samuel Henshall konstruiert wurde. Der Schwede Qvarnström entwickelt das Modell eines Tischkorkenziehers, das 1893 patentiert wird. In USA wird ein ähnliches Modell bereits 1864 patentiert.

19. JAHRHUNDERT

Umstellung von Pfahl- und Balkenerziehung auf Drahtrahmenerziehung (ab etwa Mitte des 19. Jh.); neu entwickelte Keltersysteme mit verbesserten technischen Funktionen (mobile und hydraulische Ober- und Unterdruckpressen, Horizontalpressen, eiserne Spindeln); Einsatz von Geräten zum Rebschutz (Spritzen und Sprühen gegen Rebschädlinge); ohne Zusätze hergestellte »Naturweine« verdrängen Würzweine; Weinabfüllung auf Flaschen erfolgt mittels Flaschenfüllmaschinen, mechanischen Korkpressen, Korkmaschinen und Flaschenspülmaschinen; Weinversteigerungen etablieren sich in den Anbaugebieten als Verkaufsinstrument für

Erzeugerweine; amtliche Kataster-Erfassung der Weinlagen mit ihren Bezeichnungen; gedruckte Weinetiketten (nach Erfindung des Steindrucks).

1801 FRANKREICH: Der Chemiker und Politiker Jean-Antoine Chaptal entwickelt das Verfahren der »Trockenzuckerung« zur Alkoholanreicherung des Weines, bei dem durch Zugabe von Zucker zum Most vor der Gärung der Alkoholgehalt erhöht wird (= »Chaptalisieren«).

1849 DEUTSCHLAND: Der Chemiker Justus Liebig entwickelt den Mineraldünger (Phosphat-Dünger), unter anderem auch für die Nährstoffversorgung von Weinbergsböden.

1850 ÖSTERREICH: Der Kremser Zugschmied Johannes Keusch erfindet die Rebschere für das Abschneiden der Trauben bei der Lese. Das über Jahrtausende gebräuchliche Rebmesser wird abgelöst.

1852 DEUTSCHLAND: In Trier propagiert Ludwig Gall nach mehreren Jahren mit qualitativ schlechten Weinernten die Zugabe von Zuckerwasser, um die hohe Säure in Moselweinen zu reduzieren. 1854 erscheint sein Buch »Der Nothstand der Winzer und seine Ursachen – gestern und heute«. Das Verfahren der »Nasszuckerung« beschädigt das Ansehen des Moselweines, ohne die Absatzprobleme der Moselwinzer zu beheben. Ähnliche Zuckerungs-Verfahren werden in Frankreich (u. a. in Burgund) seit 1847 angewandt.

1857 FRANKREICH: Louis Pasteur legt in 35 Forscherjahren mit überragenden wissenschaftlichen Arbeiten die Grundlagen der Mikrobiologie und der Önologie. So ergründet er das Wesen der alkoholischen Gärung, die durch Hefen ausgelöst wird. 1863 veröffentlicht er eine Studie über den Einfluss von Mikroorganismen (Milchsäurebakterien, Hefen) auf Getränke und Nahrungsmittel. Mit dem von ihm empfohlenen Verfahren der Sterilisierung mittels Kurzzeiterhitzung (»Pasteurisieren«) kann weitgehend Keimfreiheit bestimmter Lebensmittel erreicht werden. Außerdem befasst er sich mit der Möglichkeit der Zugabe von Weinsäure zum Wein, mit Untersuchungen über die Ursachen von Weinkrankheiten (zum Beispiel Essigstich) und mit Alterungsvorgängen bei Wein, speziell dem Einfluss von Luft auf die Oxidation des Weines.

1871 DEUTSCHLAND: Gemäß Reichstagsgesetzbuch werden Erzeugung und Handel von verfälschten Getränken verboten.

1892 DEUTSCHLAND: Erstes »Gesetz betreffend den Verkehr mit Wein«, in dem vor allem Weinfälschungen geahndet werden. Eine erweiterte Fassung im Jahr 1901 bestimmt die für Weinherstellung zugelassenen Rebsorten, die Anbauflächen und die zugelassenen Herstellungsverfahren.

20. JAHRHUNDERT

Mechanisierung in Bodenbearbeitung, Rebschnitt, Pflanzenschutz; Neuzüchtungen und pilzresistente Sorten. An die Stelle der Einzelpfahlerziehung tritt – mit Ausnahme des Anbaugebietes Mosel – die kostengünstige und rationelle Drahtrahmenanlage. Pflanzenschutz mit Spritz- und Stäubegeräten, die auf dem Rücken getragen werden. Fassweine werden mittels Hand- oder Motorpumpen anstelle des früher üblichen manuellen »Schrotens« umgefüllt; Klärung des Weines durch Zellulose- oder Asbestfilter (früher durch Sackfilter), Flaschenfüllanlagen mit Sterilisierungsapparaten und Korkverschließmaschinen.

1902 DEUTSCHLAND: Einführung einer Sektsteuer (Banderolensteuer von 50 Pfennig je Flasche).

1909 DEUTSCHLAND: Umfassendes Weingesetz mit Abgrenzung der Anbaugebiete, Bestimmungen über die Anreicherung (Zuckerung) und Buchführungspflicht für Weinbaubetriebe.

1910 DEUTSCHLAND: Gründung des Verbandes Deutscher Naturweinversteigerer e. V. in Trier. 1971 in Verband Deutscher Prädikatswein-Versteigerer, 1990 in Verband Deutscher Prädikats- und Qualitätsweingüter und 2000 in VDP.Die Prädikatsweingüter umbenannt. Dem Verband gehören derzeit etwa 200 Weingüter an, die sich der Herstellung hochwertiger Weine verpflichten.

1930 DEUTSCHLAND: Neue Fassung des Weingesetzes, die u. a. den Verschnitt von deutschem mit ausländischem Wein sowie den Alkoholzusatz zu Wein verbietet.

1932 EUROPA: Große Unterschiede beim Wein-Pro-Kopf-Konsum in europäischen Ländern: Deutschland drei, Österreich 16, Schweiz 56, Portugal 67, Spanien 90, Italien 118, Frankreich 153 Liter pro Kopf.

1935 FRANKREICH: Die kontrollierte Ursprungsbezeichnung Appellation d'Origine Contrôlée (AOC) wird für französische Qualitätsweine geschaffen.

1936 SCHWEIZ: In der Lebensmittel-Verordnung werden die Bezeichnungsvorschriften für Natur- und Spezialweine festgelegt.

AB 1950

Weinanbau: Weinbergspfähle aus Metall, Einachsschlepper anstelle der traditonell genutzten Zugtiere (Pferde, Rinder); Mechanisierung der Weinbergsarbeit durch vielseitig einsetzbare Allradschlepper und Schmalspurschlepper sowie mechanische Laubschneider, Entlaubungsmaschinen, Geräte zum automatischen Heften sowie elektrische und pneumatische Rebscheren. Steillagen-Weinbau wird erleichtert durch Seilwinden, Raupenfahrzeuge oder die Einschienenbahn (Monorack). Schädlingsbekämpfung im Weinberg mittels Motorsprüher und Großraumsprayer sowie durch den Einsatz von Hubschraubern. In den USA entwickelte »selbstfahrende Weinlesemaschienen« (Traubenvollernter) setzen sich ab 1970 auch im europäischen Weinbau durch.

Mostgewinnung und Weinausbau werden maßgeblich geprägt von zahlreichen neuen kellertechnologischen Verfahren, angefangen von pneumatischen Pressen über temperaturkontrollierte Gärung in Edelstahltanks oder – in der Rotweinerzeugung – Ganztraubenpressung und Kohlensäuremaischung über Filtrieren, Zentrifugieren, Lagerung in Kunststofftanks bis zur Flaschenabfüllung. Je nach Betriebsgröße stehen dafür Geräte mit unterschiedlichen Einsatzmöglichkeiten oder Dienstleistungen (zum Beispiel externe Weinlabors, mobile Abfüllanlagen) zur Verfügung. Mit den tiefgreifenden Strukturveränderungen im Weinabsatz und der Ausrichtung auf ein modernes Weinmarketing wandelt sich die Weinerzeugung innerhalb weniger Jahrzehnte stärker als in den vergangenen Jahrhunderten. Neben Großkellereien mit Lagerkapazitäten von 50 Millionen Litern und täglichen Abfüllleistungen von einer Million Flaschen, immer häufiger mit Schraub- oder Glasverschluss (bzw. Dosen oder Kunststoffbehältern) gewinnt im Weinausbau und in der Reifelagerung auch wieder das kleine Holzfass (Barrique) an Bedeutung.

1950 DEUTSCHLAND: Das »Deutsche Weinsiegel« zur Kennzeichnung guter Weinqualität wird von der Deutschen Landwirtschaft-Gesellschaft (DLG) eingeführt. Innerhalb von fast 30 Jahren werden 1,173 Milliarden Weinsiegel verliehen.

1970 EUROPA (EG): Die Weinmarktordnung für eine gemeinsame Weinmarktorganisation tritt in Kraft. Sie enthält u. a. gesetzliche Bestimmungen für die Erzeugung und Bezeichnung von »Qualitätswein b. A.« (bestimmter Anbaugebiete) und »Tafelwein«, für Rebanbau, Preis- und Interventionsregelungen sowie önologische Verfahren. (Änderungen und Ergänzungen dieser Grundverordnungen u. a. 1987 und 2008).

1971 DEUTSCHLAND: Neues deutsches Weingesetz mit Einteilung der Weine in die Güteklassen Tafelwein (einschließlich Landwein), Qualitätswein bestimmter Anbaugebiete und Qualitätswein mit Prädikat. Qualitätsweine unterliegen der amtlichen (analytischen und sensorischen) Prüfung. Höchstes bislang ermitteltes Mostgewicht mit 326 Grad Öchsle (Trockenbeerenauslese aus der Rebsorte Sieger).

1977 DEUTSCHLAND: Gründung der Deutschen Weinakademie durch das Deutsche Weininstitut, den Deutschen Weinbauverband und den Bundesverband der deutschen Weinkellereien und des Weinfachhandels. Zielsetzung sind u. a. Etablierung eines moderaten Weinkonsums in einen gesunden Lebensstil und Sensibilisierung für einen verantwortungsvollen Umgang mit Wein.

1985 DEUTSCHLAND: Gründung des Bundesverbandes Ökologischer Weinbau Ecovin, größter Zusammenschluss von ökologisch arbeitenden Winzern (Verzicht auf chemisch-synthetische Spritzmittel und auf leicht löslichen Mineraldünger), systematische Begrünung im Weinberg.

1985 DEUTSCHLAND UND ÖSTERREICH: Glykol-Affäre (Zugabe des Frostschutzmittels Diethylenglycol) erschüttert das Vertrauen in die Weinwirtschaft.

1987 EUROPA (EWG): Angabe des Alkoholgehaltes auf dem Etikett obligatorisch.

1991 EUROPA (EG): Die Bezeichnungen »Bio« und »Öko« werden durch eine EG-Verordnung über den ökologischen Landbau und die entsprechenden Kennzeichnungen gesetzlich geschützt.

KONVENTIONELL, BIO ODER BIODYNAMISCH – ÜBER WEINANBAUMETHODEN

Was genau im Mittelalter unter »gepanscht« oder später unter »naturrein« verstanden wurde, ist nicht sicher nachzuvollziehen. Durch die Erfindung von synthetischen Pflanzenschutzmitteln in der Mitte des 19. Jahrhunderts und deren Ausbreitung durch die Chemieindustrie zu Beginn des 20. Jahrhunderts veränderten sich allerdings die Beschaffenheit des Bodens und das Immunsystem der Rebstöcke. Nach dem Ersten Weltkrieg in Frankreich und sicher nach dem Zweiten in Deutschland verkaufte die Chemieindustrie den Landwirten Unkrautvernichter (Herbizide) und Insektentöter (Insektizide), was höhere Erträge versprach. Klanglos und beinahe beiläufig veränderte sich dadurch auch die Bezeichnung von Qualität mit der Priorität auf den Ertrag. Die gesetzlichen Behörden warnten damals wie heute nicht vor Weinen mit synthetischen Rückständen.

Das Aufkommen von Biowein Mitte der 1980er ist daher als Aufwachen zu erkennen. Es lag ja nur ein Jahrhundert veränderter Anbaumethode dazwischen, ohne dass Weintrinker*innen sich dieses Unterschieds bewusst waren.

Schon immer waren Forscher und Wissenschaftler auf der Suche nach Mitteln, um die Ernten zu retten und die Pflanzen vor Krankheiten zu schützen. Welche Konsequenzen der intensive Einsatz von synthetischen Mitteln in der Agrarindustrie haben kann, war erst in den vergangenen Jahrzehnten zu erkennen. Eine Verarmung der Böden, eine kürzere Lebensdauer der Rebstöcke sind unter anderem die Folgen.

Der Einsatz von Chemie galt und gilt auch heute noch als modern, fortschrittlich und effektiv – er wurde damals nicht angezweifelt. Wie über Jahrhunderte davor gearbeitet worden war, spielte schon bald keine Rolle mehr. Monokulturen nahmen der Dreifelderwirtschaft den Platz. Man betrieb »Outsourcing« und der Kauf von Hilfsmitteln war günstiger und einfacher, als sie selbst herzustellen. Stallmist und Kompost im Weinberg nahmen ab und was bislang als Zusatzdünger galt, übernahm die Hauptrolle.

Im *Lehrbuch des Weinbaus und der Weinbehandlung* (Zweifler, 1924) steht: »Kunst- und Handelsdünger haben bei der Weinbergsdüngung dieselbe Bedeutung wie beim Feld- und Wiesenbau. Sie sind auch hier wertvolle Aushilfsdünger, welche die Wirkung des Stalldüngers und Komposts in der vorteilhaftesten Weise unterstützen und daher stets in Verbindung mit diesen verwendet werden sollten.« In jener Zeit waren Stallmist und Kompost gängig und standen in den landwirtschaftlichen Betrieben in Eigenherstellung reichlich zur Verfügung.

Nach Angaben des Pesticide Action Network (PAN) werden auf Europas Weinbauflächen 20 % aller Pestizide versprüht – sie nehmen aber nur 3 % der Ackerfläche ein. Die EG-Verordnung Nr. 396/2005 des Europäischen Parlaments und des Rates vom 23. Februar 2005 legt die Höchstgehalte an Pestizidrückständen in oder auf Lebens- und Futtermitteln pflanzlichen und tierischen Ursprungs fest. Diese Begrenzungen sollen der öffentlichen Gesundheit und dem Schutz der Ernteerträge dienen. Die Rückstände dürfen nicht in Mengen vorhanden sein, die ein inakzeptables Gesundheitsrisiko für Menschen oder ggf. für Tiere darstellen.

Da sowohl die Erträge als auch die Gesundheit in gleichem Maße berücksichtigt werden, befindet sich das Maß der Dinge in einem großen legitimen Spagat. Das Bienensterben ist bekannt, im Bordeaux gehen Mütter wegen der erhöhten Anzahl von Krebsfällen bei ihren Kindern auf die Barrikaden, Weinverbände werden verklagt, das Unternehmen Monsanto (jetzt Bayer AG), das unter anderem Pflanzenschutzmittel herstellt, hat viele Prozesse hinter sich, einige gingen mit Schadenersatz aus. Fazit: Die Gesetze werden nicht automatisch eingehalten bzw. haben Erträge Vorrang vor der Gesundheit.

Wie sieht es also mit den Pestizidrückständen im Wein aus? Dieser wird als Genussmittel nicht systematisch wie bei Trinkwasser oder eben Lebensmitteln auf Pestizidrückstände untersucht. Stichproben werden in einigen Bioverbänden gemacht.

Natürlich sind nicht alle Pestizide, Fungizide und Insektizide systemisch, gefährlich, toxisch oder krebserregend. In Statistiken über deren Gebrauch werden alle Spritzmittel erfasst, auch die organischen aus der biologischen Landwirtschaft. Klarheit darüber, was nun schädlich ist und was nicht, ist nur mühsam zu erhalten, da sich die Wirkstoffe verändern und auch die Menge das Gift macht. Unser aller Gesundheit wird durch Maximalmengen solcher Stoffe reguliert. Wer wann wie entscheidet, was dem menschlichen Körper zumutbar ist oder nicht, welche Langzeitstudien zurate gezogen werden und ob es diese überhaupt bei neuen Stoffen gibt, bleibt an dieser Stelle offen.

Erzähl doch mal... Rudi Trossen

Das Weingut Rita und Rudolf Trossen ist Vorreiter der Biodynamie an der Mosel. Mit ihren knapp 2 Hektar haben sie es unter anderem mit ihren Naturweinen der Linie Purus bis ins berühmte Restaurant *Noma* in Kopenhagen geschafft.

Wie kamst Du zur Biodynamie?

Die moderne Landwirtschaft mit ihrer negativen Energiebilanz und den gravierenden Folgen wie Erosion und zerstörte Ökosysteme ist ein Kind des Ersten Weltkrieges. Kurzsichtige, verblendete Politiker hatten das Deutsche Reich in eine Sackgasse manövriert. Es drohte ein Zwei-Fronten-Krieg. Der war nicht zu bestehen, ohne eigene synthetische Salpeterproduktion, denn England würde das Reich vom Salpeternachschub aus Chile abschneiden. Die Professoren Haber und Bosch machten 1911 wichtige Erfindungen, um den Stickstoff der Luft zu synthetisieren. Als der Krieg vorbei war, konnte die Industrie keinen Sprengstoff mehr verkaufen. Die Menschen hungerten, brauchten Nahrung statt Munition. Daher wurde die Produktion modifiziert zu Kunstdünger für den Acker. Giftgas brauchte man auch nicht mehr.

So ist mit dem Know-how und den Fabriken nach und nach das entstanden, was wir heute als agrarindustriellen Komplex bezeichnen. Gegen Pilze im Weinbau hat man Mittel entwickelt, um **Kupfer** abzulösen. Kupfer mit Kalk gemischt, wurde seit etwa 1890 gegen die Peronospora (Falschen Mehltau) eingesetzt. Allerdings krass überdimensioniert. Die Spritzempfehlung aus den 1940er-Jahren lautete: 60 Kilogramm pro Hektar, heute kommen wir mit weniger als drei aus, das ist fast homöopathisch.

KUPFER ist für die ökologische und konventionelle Landwirtschaft ein elementarer Stoff. Kupfer dient im geringen Umfang als Nährstoff für Nutzpflanzen, ist aber vor allem ein hochwirksames, natürliches Pflanzenschutzmittel gegen diverse Pilzkrankheiten. Bereits vor über 130 Jahren entdeckte man die Wirkung, als man Kupfer mit Kalk mischte und mit der sogenannten Bordeauxbrühe erstmals ein Mittel gegen den Falschen Mehltau in Wein zur Verfügung stand. (vgl. oekolandbau.de)

Mein Vater fing nach dem Zweiten Weltkrieg mit seinem Schwager an, zwei kleinere Betriebe größer zu machen. Damals hatte der Wein noch einen gewissen Wert. Du konntest mit 1.000 Litern – das war schon was – alles kaufen, was du nicht selber in der Lebensmittelerzeugung produzieren konntest.

Das waren die fünfziger Jahre. Damals haben wir alles Mögliche an Pflanzenschutzmitteln bedenkenlos gespritzt. Nach und nach ekelte ich mich vor den Chemikalien. Als ich übernahm, habe ich sofort alles umgestellt, mich faszinierte das Spirituelle an der Biodynamie.

Erst als in den Achtzigern viele Weinbauern zurückruderten und explizit diese synthetischen Mittel nicht mehr verwenden wollten, Bioverbände gründeten, wurde so manchem bewusst, dass das, was als Wein in der Flasche war, ein anderer war als 50 Jahre vorher.

Natürlich gab es in diesem Sinne vorher keine Gesetze dazu. Wer hat denn damals auf Umweltschutz geachtet? Das fing ja alles erst mit meiner Generation an. Mit *Der stumme Frühling* von Rachel Carson und *Die Grenzen des Wachstums* vom Club of Rome. Das war der Beginn, aus dieser Jugendbewegung sind die Grünen entstanden, Greenpeace, der BUND, was weiß ich, als Reaktion auf die Industrialisierung der Landwirtschaft. Nach dem Ersten Weltkrieg und noch stärker nach dem Zweiten waren praktisch keine Zugtiere mehr da – alle Pferde waren in die Luft gesprengt oder gegessen worden. Es herrschte riesiger Bedarf an Zugkraft für die Pflüge und Eggen. Man hörte auf, Fruchtwechsel zu betreiben, denn es gab ja Kunstdünger. Monokulturen waren angesagt. Die Melkmaschine, der Mähdrescher wurden erfunden. Immer mehr Maschinen ersetzten menschliche Arbeit.

Ist es nicht auch erstaunlich, wer die Mittel erfunden hat: Apotheker und Chemiker, keine Landwirte. Die Mode aus den USA in den fünfziger Jahren, landwirtschaftliche Betriebe müssten größer werden, technischer … Das waren alles Einflüsse von außen.

Ja, viele Landwirte haben es nicht geblickt. Außer den wacheren Zeitgenossen, die Steiner gefragt haben. Das waren Mitglieder der antroposophischen Gesellschaft, ein Inner Circle. Dessen Bücher waren einem kleinen gecasteten Publikum vorbehalten.

Wenn du dir heute die Bücher vornimmst, ist das Lesen wie höhere Mathematik, das ist anstrengend.

Steiner war in den Zwanzigern ein Visionär. Er läutete damals schon die Alarmglocken ob der beginnenden Veränderung.

Ja, er bemerkte das Nachlassen der Fruchtbarkeit der Tiere und Böden, den schwindenden Geschmack der Nahrungsmittel und sagte schon 1924: »Man kann ja heute keine Kartoffeln mehr essen, wie ich sie in meiner Jugend aß.«

Noch mal zur Biodynamie heute. Ich traf bei Dir mal einen Mann, der nach Tirol auf ein 120 Hektar großes Weingut gehen sollte, um es auf Biodynamie umzustellen. Meine Frage war, wo denn all die Kuhhörner herkommen sollen. Ob sich Rudolf Steiner nicht im Grabe umdrehen würde, wenn er sehen müsste, wie heute biodynamisch gearbeitet wird? Man kann Kuhhörner in Tschechien kaufen, die Präparate im Elsass, alles auf das Weingut in Südfrankreich packen und das biodynamische Label bekommen. Dein Winzerfreund Uli Treitz erzählte, er sei an der Biodynamie verzweifelt, weil er keine Kuh hatte.

Wir sprachen oft darüber und meine Meinung war und ist, dass man nicht auf das Ideal warten, sondern einfach mal anfangen sollte, in Kreisläufen und Zusammenhängen zu denken und zu handeln. Auch wenn es unvollkommen ist, weil man keine eigene Kuh und Mist hat. Biodynamie heißt, sich und sein Weingut zu entwickeln.

Ich frage mich, wie sich die Biodynamie versus Bio zu einem Wirtschaftszweig entwickelt hat. Wie siehst Du diese Entwicklung der Labelisierung und des Marketings?

Kritisch logischerweise. Alle schreien nach irgendwelchen Zertifizierungen, nach Labels. Demeter ist sowas wie der Marketing-Mercedes. Da springen natürlich auch manche Leute auf, die mehr von wirtschaftlichen Notwendigkeiten getrieben sind als von der inhaltlichen Überzeugung, darüber bin ich nicht sonderlich froh. Wir haben gar kein Demeterzeichen auf dem Etikett, für die Vermarktung brauchen wir das nicht. Ich bin Fördermitglied im Verband, weil ich die Sache wichtig finde. Wir haben mit ein paar Bauern und Gärtnern den Demeter-Verband Rheinland-Pfalz und Saarland Ende der 1980er-

Jahre gegründet, ich war sieben Jahre im Vorstand. Damals war es noch nicht erlaubt, in Deutschland eine Weinflasche mit »Demeter« zu siegeln. Wir hatten ja schon etwas früher »Ecovin«, den Bundesverband ökologischer Weinbau, gegründet, also hatte ich ein Warenzeichen, das reichte mir.

Biodynamie nach Rudolf Steiner heißt doch, dass man seinen eigenen Betriebskreislauf schafft. Wie kannst Du denn jemandem erklären, dass es trotzdem biodynamisch ist, auch ohne eigene Kuh, mit gekauften Präparaten?

Es wirkt trotzdem, davon bin ich überzeugt. Dass es jetzt Leute gibt, die so ein bisschen artifiziell »Demeter« betreiben, ist natürlich nicht optimal. Du müsstest in deinem Betrieb wieder eine Kuh halten oder eine Kooperation eingehen, um von dieser Stelle den Mist zu bekommen. Es ist aber besser als nichts. Wie unsere Zoomkonferenzen: nicht optimal, aber besser als nichts. Die Wirkung der Präparate ist eine Wirkung in die Zukunft. Deshalb meinte Steiner, es sei wichtig, dass die Präparate über größtmögliche Flächen angewendet werden. Jetzt gibt es da allerlei Merkwürdigkeiten: Menschen, die mit der Maschine rühren. Steiner beschrieb das Selberrühren als eine spaßige Angelegenheit: Sonntags nach dem Mittagessen hat jeder so einen Melkeimer mit zehn Litern Wasser drin und rührt da eine Handvoll von dem Kuhmist rein, der davor im Kuhhorn war. Und das wird dann ausgebracht. Es ist eine Geste der Zuwendung, der Erfrischung, Belebung, ja, der Zärtlichkeit. Der Schlüsselsatz der Biodynamie ist: »Der Mensch wird zur Grundlage gemacht.« Die Wesen der Natur brauchen uns, den liebenden Blick, die pflegende Hand. Deshalb sind die Biodynamiker so erfolgreich, besonders auch im Weinbau. Von meinem Vater lernte ich: »Des Winzers Schritt düngt den Weinberg mit.«

Und wo liegt für Dich der Unterschied zwischen bio und biodynamisch?

Die Biodynamie bietet enorme Verständnishilfen, um die Natur und uns selber besser zu begreifen. Das Ideal ist der geschlossene Betriebskreislauf, die landwirtschaftliche Individualität. Also die alte bäuerliche Landwirtschaft, die 5.000 Jahre kulturprägend war. Wir können aber nicht mehr zurück zur kleinbäuerlichen Selbstversorgung. Die Erde gehört allen Menschen, Landwirtschaft geht alle an, ist eine globale Frage geworden und muss ganz neu begriffen werden, auch als soziale und politische Aufgabe.

Mit Naturwein habt ihr 2010 angefangen.

Ja, William, ein Freund aus Belgien, und unsere skandinavischen Importeure brachten uns dazu. Jetzt sind wir in 30 Ländern vertreten und es gibt einen wunderbaren Aufschwung in der Gastronomie, das macht Spaß.

Und möchtest Du noch etwas weitergeben an die Jugend?

Mut, Zuversicht und die Gewissheit, dass die Welt verstehbar ist. Sie sollen sich anstrengen, ihren Verstand einsetzen und die Zusammenhänge begreifen und durchdringen. Früher wurde aus Glauben gehandelt. Heute kann man wissen. Aus der Übersicht der Zusammenhänge kann man dann gestalten, der Natur dienen, eingreifen. Das wünsche ich den jungen Leuten!

DIE KUHHÖRNER UND DER GANZE MIST

An dieser Stelle müssen die Kuhhörner erklärt werden, die im biodynamischen Anbau zum Einsatz kommen. Grundsätzlich wird Biodynamie von vielen als Hokuspokus empfunden, weil die Verfahren nicht einleuchten. Nach der Lehre Rudolf Steiners werden dort neben diversen Präparaten und Tees eben auch Kuhhorn und Mist als Mittel benutzt. Die Voraussetzung für das Verständnis ist Ansichtssache: Man stelle sich vor, man stehe auf einem Stück Land. Sieht man links einen Baum, in der Mitte ein Feld, rechts einen Busch, in der Tiefe einen Wald und zwischen diesen Elementen keinen Zusammenhang, wird es etwas schwierig. Wenn man den aber erkennen kann und die Erfahrung gemacht hat, dass alles in der Natur miteinander kommuniziert, dann kann man Folgendes vielleicht eher nachvollziehen.

In der Biodynamie wird Kuhdung in Kuhhörner gesteckt und über Herbst und Winter in der Erde vergraben. Dann wird der Kuhmist im Frühjahr wieder herausgeholt und in Wasser sozusagen dynamisiert. Man verteilt den Mist im Wasser, in dem man immer wieder einen Wirbel erzeugt, mal links rum – mal rechts rum. Das klingt erstmal merkwürdig. Es ist so: Die Kuh hat als Wiederkäuer die Fähigkeit, Gefressenes umzuwandeln. Ihr Horn ist nichts anderes als eine warme dicke Haut. Die Idee, dass das Gefressene in die Erde zurückgeht, um ihr Kraft zu geben ist der Schlüssel zum Verständnis. Rudolf Steiner sprach davon, die Kühe auch auf den Flächen zu halten, auf denen dann der Mist ausgebracht wird.

Erzähl doch mal... Bianka Schmitt

Du führst das ökologische Weingut Schmitt in Flörsheim-Dahlsheim. Kannst Du uns Biodynamie erklären, ohne esoterisch zu sein?

Ja – und Esoterik ist ja nicht schlimm, da gibt es ganz viel, was man physikalisch erklären kann. Naja, wenn ich jetzt über Schwingungen rede, können das viele nicht nachvollziehen. Schwingungen sind nichts anderes als Elektronen. Strom besteht auch aus Elektronen. Jedes Atom besteht aus Protonen, Neutronen und Elektronen. Die Elektronen bewegen sich, diese Bewegung kann unterschiedlich sein. Diese Bewegung hat einen Rhythmus, das nennen wir die Schwingung oder das Weitergeben der Information. Bei Globulis ist es genauso. Da sind Informationen gespeichert. Durch das Lutschen werden sie dynamisiert. Das machen wir genauso mit den Präparaten. Man rührt sie im Wasser zu einem Strudel, dann zerstört man ihn wieder und dreht in die andere Richtung. Die Information wird dadurch geweckt, die Energie wird freigesetzt und leitet ins Wasser. Das wird dann ausgebracht. Strom leitet ja auch gut durch Wasser, das ist nichts anderes.

Du sprichst von Präparaten, die ihr also bei Winzerzubehör für Biodynamiker kaufen könnt und die ihr dann dynamisiert. Was sind das zum Beispiel für Präparate?

Die wichtigsten sind Hornmist und Hornkiesel. Kiesel besteht aus Silikaten, das sind Kristalle. Sie können Schwingungen speichern. Sie unterstützen auch die Photosynthese auf den Blättern, wirken wie eine Lupe. Die Sonnenenergie wird vergrößert. Die Blätter sind dann sozusagen aufmerksamer, stärker und fokussierter. Hornmistpräparate sind anders. Da geht es um das Aufwecken der Bodenbakterien. Die ganzen Pilze, die im Boden miteinander vernetzt sind, werden am Leben gehalten und in ihrem Wachstum gefördert.

Du sagst, Pilze sind im Boden, die sind vernetzt. Das wissen ja viele nicht, dass es da eine Kommunikation unter der Erde gibt, die gefördert werden kann.

Ja klar, das sind die größten Gossip-Dinger (Klatsch und Tratsch!) zwischen den Reihen, natürlich! Wir reden ja auch über Permakultur, dass alles miteinander verbunden sein sollte. Es ist ja verbunden! Diese Elemente, diese Mizellen, transportieren ganz unten Informationen von A nach B.

Und das klappt auch auf einer Fläche von zum Beispiel 7 Hektar?

Ja, dann sind sie auch vernetzt.

Das ist ja das, was als Verständnis manchmal fehlt. Wenn die Kuhhörner mit Kuhmist an einer Stelle vergraben werden, reicht die Information über eine sehr große Fläche, richtig?

Ja. Wenn man auf das Ökosystem achtet, dann achtet man auf das Immunsystem. Pflanzen haben genauso wie wir Menschen Selbstheilungskräfte. Sie können sich regenerieren. Durch die weitergegebene Information unterstützen sich Pflanzen im Selbstheilungstrieb.

Und welche Kraft hat jetzt Kuhmist?

Schon der **pH-Wert** ist für die Bakterien gut, nicht zu sauer. Es ist ja ein ganz normales Düngemittel. Die Verdauung der Kuh selektiert die wichtigen Bakterien raus. Das ist etwas komplex. Es ist eine Richtung, die den Bakterien und den Pilzen im Boden dadurch angegeben wird, und die dann wieder weitergegeben wird, immer wieder zur Förderung der Kraft, der Gesundheit.

PH-WERT: Je niedriger der pH-Wert, umso höher die milde Weinsäure, umso stabiler und gesünder der Wein. Je höher der pH-Wert, also je niedriger die Säure, um so mehr muss auf Mikrobiologie, Bekömmlichkeit und Stabilität geachtet werden. Wein weist einen pH-Wert zwischen 2,9 und 4,0 auf. Der ideale pH-Wert für »gesunden«, also der Gesundheit – soweit man das von Wein überhaupt sagen kann, weil Ethanol Zellgift ist – zuträglichen Wein liegt zwischen 2,9 und 3,5 – 3,6. (vgl. weinhalle.de)

Und warum in einem Kuhhorn?

Aus anthroposophischer Sicht wird ein Kuhhorn benutzt, weil dadurch die Verbindung zum Kosmos gewährleistet ist. Bei der Kuh sitzen die ja auf dem Kopf und zeigen nach oben. Das kann ich leider nicht greifbarer erklären. Was das Material von Hörnern angeht – das ist wie unsere Haare oder unsere Nägel. Es lässt kleine Mengen an Feuchtigkeit, an Wasser, durch und verbindet dadurch den Kuhmist und die Bakterien mit der Erde. Das ist dann der Informationsaustausch zwischen kosmischen und irdischen Energien. Das, was bei Ebbe und Flut passiert. Die magnetischen Energien werden gespeichert. Zwischen dem Magma in unserer Erde und dem Mond. Alles, was Wasser enthält, wirkt mit, unser Körper auch.

Und wenn man jetzt so 120 Jahre zurückgeht, Mist und Kompost waren ja die einzigen Dünger. Hatte das eben den gleichen Effekt?

Ja genau.

Jetzt haben viele landwirtschaftliche Betriebe keinen Misthaufen mehr, ist das der Grund warum es jetzt so konzentriert ausgebracht wird?

Also, Kompost muss man immer noch normal rausbringen. Das regt auch die Bakterien an, zeigt aber keine Richtung an, ist nicht so stark in der Wirkung. Mit den Präparaten ist es konzentrierter und orientierter. Stickstoff wird schneller produziert und gelangt schneller zu den Wurzeln.

Du sprichst von Stickstoff, wieso wird der denn immer erwähnt und ist gut für die Rebstöcke? Was ist denn das?

Das ist wie Kohlenhydrate für Menschen, Futter neben Wasser. Den pH-Wert beeinflusst das auch.

Die Erträge seien besser mit mehr Stickstoff im Boden. Schmeckt denn der Wein dann auch besser?

Nein, mit den Extrakten in der Traube für mehr Geschmack hat das nichts zu tun. Dafür würde ich eher eine Ertragsreduzierung machen.

Und weißt Du seit wann es die Idee mit den Kuhhörnern gab? Kam das von Rudolf Steiner, oder wurde das auch schon vor 500 Jahren gemacht?

Ich denke schon, dass es von den Anthroposophen kommt. So richtig habe ich das noch nicht recherchiert. Über Rudolf Steiner habe ich gehört, dass er angeblich rassistische Ansichten hatte, da habe ich dann nachgelesen und distanziere mich mittlerweile von ihm. Wie auch immer.

Es werden ja immer mehr Kühe ohne Hörner gezüchtet, gibt es dann irgendwann einen Mangel an Kuhhörnern?

Ich hoffe nicht. Die Haut nutzt sich mit der Zeit zwar ab, man kann sie trotzdem mehrmals verwenden. Man müsste dann ohne Hörner viel mehr Kuhmist ausbringen, das wäre dann eben kein Präparat. Wir müssen eben wieder Kühe mit Hörnern züchten.

Jetzt katapultier Dich mal 40 Jahre in die Zukunft, dann buddelst Du immer noch Kuhhörner ein?

Ja. Die Präparate werden wir dann aber selbst herstellen. Wir bauen gerade um und wollen mit den Kollegen Andi Mann, Jason Groebe und Chris Barth eine eigene Produktion starten. Wir wollen auch Tiere halten. Das war ja immer der Plan. Freunde zu haben, Freunde die ähnlich denken, wie eine große Familie zu werden und miteinander arbeiten. Wir haben uns einen Platz gebaut, ohne Strom und Wasserleitungen drum herum. Wir pflanzen einen Acker nur mit Klee und Blumen an, als Bienenwiese. Die Biodiversität ist uns wichtig, die müssen wir fördern. Dort können wir dann auch die Präparate eingraben.

Großartig! Ihr macht euch also unabhängig.

Ja, wir werden auch unser eigenes Wasser haben. Regenwasser wird gesammelt und aufbereitet, Solarzellen erzeugen unseren Strom. Dann kommen Schweine und Rinder – und die Ladys auch – die Hühner.

Ihr verwirklicht also das Bild der Biodynamie - ihr macht einen richtigen Hof mit allem drum und dran.

Ja - viele tolle Restaurants in der Umgebung haben schon Kontakt mit uns aufgenommen, wegen Gemüse zum Beispiel. Gottseidank sind unsere Weine auch langsam in der Gastronomie der Umgebung angekommen. Viele klassische Restaurants öffnen sich gerade für unsere Weine. Da hat es auch geholfen, dass wir ein wenig schwefeln und sie weniger trüb abfüllen, die passen dann besser ins Geschmacksbild dieser Gastro. Ach! Wir haben noch gar nicht über die Tees gesprochen! Ein Tee ist keine verstärkte Wirkung, er ist für schnelle Abläufe gut. Wie man bei einer Augenentzündung Kamillentee aufträgt, er wirkt kühlend und entzündungshemmend. So wirken die Tees auch auf Pflanzen - wenn man schnell und gezielt arbeiten will. Brennnessel und Ackerschachtelhalm sind für Wärme zuständig und stärken das Immunsystem, wie Wechselduschen den Kreislauf anregen. Um mal einen Überblick zu geben.

In der langen Geschichte der Landwirtschaft ist die Zeitspanne mit extrem intensiver synthetischer Düngung nur kurz. Biologische Anbaumethoden machen aktuell zwar nur rund 10 % aus, dieser Anteil wächst aber stetig. Ob sich durch neue, engagiertere politische Kräfte da was beschleunigen lässt?

Ob biologisch oder biodynamisch gearbeitet wird – die Statements von Hubert Lay, Rudolf Trossen und Bianka Schmitt zeigen verschiedene Herangehensweisen. Gemeinsam haben sie den Respekt vor der Natur und die Einsicht, dass die systemischen, synthetischen Mittel auf Dauer den Boden, das Leben und unsere Nahrungsmittel kaputtmachen. Diese Logik hat etwas mit Gesundheit zu tun, mit Immunstärke. Was für Menschen gilt, gilt auch für Pflanzen und Rebstöcke. Wenn man sich gesund ernährt und sich einigermaßen bewegt, ist man weniger anfällig für Krankheiten. Das Ziel von biologischem oder biodynamischem Anbau ist es, die Erde und die Pflanzen so zu fördern, dass sie gar nicht krank werden, also auch keine Medikamente brauchen, selbst wenn es welche gibt.

Bei den Weingütern mit bio- oder biodynamischem Anbau wird Weinqualität im Weinberg gemacht. Eine gesunde Traube von einem gesunden Boden ergibt einen gesunden Wein, der im Keller keine Medikamente in Form von Hilfsmitteln oder Zusatzstoffen braucht. Gesundheit als Qualitätsdefinition.

WEINQUALITÄT FRÜHER UND HEUTE

Für den Weinbau wie die gesamte Lebensmittelindustrie galt bereits im 19. Jahrhundert, dass haltbare, versendbare und stabile Produkte für Qualität stehen. Die Märkte öffneten sich und deutsche Weinbauern mussten globaler denken. Die DLG war eines der ersten offiziellen Gremien zur Qualitätskontrolle von Lebensmitteln und von Wein. Wie damals geprüft wurde, ist online nachzulesen. 1891 wurde der Dauerwarenwettbewerb als Qualitätsprüfung eingeführt. Unterschiedliche Lebensmittel, Getränke, Bier und Wein wurden per Schiff auf eine Weltreise geschickt, ein Gegenstück blieb in Bremen für den Vergleich zurück. Damals schon umfangreiche chemische Analysen prüften nach der Reise die Lebensmittel.

> Die lange Schiffsreise in die Tropen und die Ausfuhr dorthin stellten außerordentliche Anforderungen an Herstellung, Hygiene und Konservierung der Erzeugnisse. Damals war die Haltbarmachung der leicht verderblichen Waren ein enormes Problem, die den Versand ins Ausland einschränkte. Durch diese Wettbewerbsbedingungen mussten die Waren sowohl ihre Qualität wie auch ihre Haltbarkeit beweisen und diejenigen, welche die harten Prüfungsteile bestanden, wurden mit Großen, Silbernen oder Bronzenen Preismünzen prämiert und galten als Qualitätselite.« (Geschichte der DLG / dlg.org)

Qualität lag also nicht im Ursprung der Frucht oder der Grundzutat selbst und deren Gesundheit, sondern in der Verarbeitung, Haltbarkeit und Gewinnerbringung. Die Kritik an Naturwein, er sei nicht stabil, kommt wohl aus dieser Zeit, da Qualität mit Stabilität gleichgesetzt wurde. Naturwein wird auch oft »lebendiger Wein« genannt, im Gegensatz zu tot = stabil. Richtig, ein hochgeschwefelter, steril filtrierter Wein kann problemlos bei 30 °C unter einer Lkw-Plane transportiert werden. Vielleicht kocht er kurz auf, wird aber, da er nur noch wenig mikrobiologisches Leben in sich hat, diese Tortur gut überstehen. Manche spotten, solche Weine könnten nicht kaputtgehen, sie seien ja schon tot.

Ein Weinverband in Deutschland, der sich für außerordentliche Weinqualität verbürgt, ist der Verband der Deutschen Prädikatsweingüter (VDP). Interessant ist seine Geschichte: Die Tatsache, dass Weine in Deutschland versteigert wurden und durch Zuckerzusatz der Alkoholgehalt erhöht werden durfte, fand nicht nur Freunde. 1910 setzten sich schließlich einige Weingüter ab und gründeten den deutschen Naturweinverband mit der Prämisse, naturreinen Wein herzustellen, also weder Wasser noch Zucker zuzufügen. Dieser Verband gilt als Vorläufer des VDP. Synthetische Pflanzenschutzmittel waren noch nicht auf dem Markt. Das wäre heute als Bio durchgegangen. Auch Hefen und die anderen jetzt verfügbaren Hilfsmittel kannte man noch nicht in dem Ausmaß wie heute.

Als 1971 ein neue s Weingesetz herauskam, das die Qualität am Mostgehalt maß, war dies dem inzwischen neu gegründeten VDP (siehe auch Seite 49) nicht genug, denn es ermöglichte damals Großbetrieben, Qualitätswein für die Masse herzustellen. Der VDP distanzierte sich von dieser Regelung und schuf seine eigene Pyramide zur Qualitätsabstufung. Ihm waren zur Qualitätsbestimmung die Lagenbezeichnungen wichtiger als der Mostgehalt.

Ab diesem Zeitpunkt war das Wort Naturwein verboten, zwar nicht per Gesetz, aber in der allgemeinen Beurteilungspraxis. Die Begründung lautete, da alle Weine Naturprodukte seien und kein Unterschied gemacht werden solle, würde die Erwähnung dieses Begriffes die anderen Weine als nicht natürlich darstellen. Weinhändler*innen wurden abgemahnt, denn der Begriff sei nirgends richtig definiert und daher eine Irreführung der Verbraucher*innen.

Naturwein ist

der vergorene Saft der Weintraube

ohne irgend welchen Zusatz, also auch

ohne Zucker- oder Zuckerwasserzusatz.

Wer gezuckerten „Wein" als Naturwein verkauft, wird mit Gefängnis bis zu 6 Monaten und Geldstrafe bis zu 3000 Mark etc. bestraft.

Reichsweingesetz von 1901: § 4 und § 13.

NATURWEIN 1910 und heute: Was ist davon in der Qualitätsphilosophie des VDP noch geblieben? Auf der Webseite ist nachzulesen, dass alle dem VPD angeschlossenen Winzer sich: »zu einer umweltschonenden Bewirtschaftung ihrer Weinberge« verpflichten (vdp.de). Laut aktueller Information des VDP sind von den knapp 200 Mitgliedsweingütern 50 biozertifiziert und 40 in der Umstellung. Die gängigen Zusatzstoffe und Hilfsmittel sind jedoch erlaubt. So sieht es aktuell mit der Verpflichtung zur umweltschonenden Bewirtschaftung aus.

Weiter ist zu lesen, dass sich die Weingüter »zur Reduzierung der Erträge auf 75 Hektoliter je Hektar im Durchschnitt« verpflichten. »In höheren Klassifikationsstufen werden die Hektarerträge zur weiteren Steigerung der Qualität noch deutlicher reduziert.« Die Ertragsmenge wird reguliert, um höhere Qualität zu erzeugen. Dies wird zum Beispiel durch einen gezielten Rebschnitt erwirkt. Er sorgt dafür, dass sich die Kraft in weniger Trauben konzentriert, die dadurch an Aroma gewinnen. Der Durchschnittsertrag auf Naturweingütern beträgt übrigens 45 Hektoliter je Hektar.

»Die Mitglieder verpflichten sich zur Handlese für VDP.Weine der Qualitätsstufen VDP.ERSTE LAGE® und VDP.GROSSE LAGE® und für Weine der Prädikatsstufen Auslese bis Eiswein.« Ansonsten ist auch der Vollernter zugelassen.

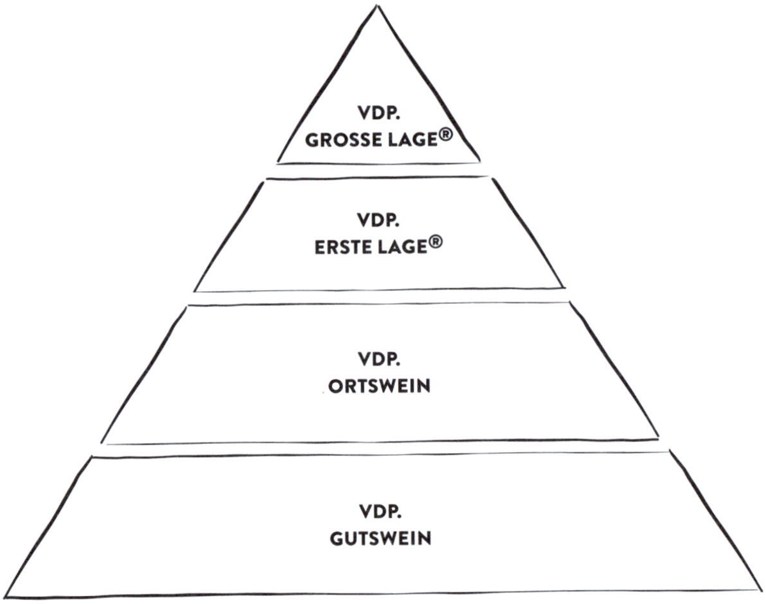

FAZIT:

VDP-Weine sind löblich, der Verband will sich von Massenware absetzen und deutschen Wein international bekannter machen. Dennoch spielen sie bei den größten Weinhändlern, den Supermärkten und den Discountern mit.

Wer die Qualitätsparameter von herkömmlicher Weinwelt und Naturweinwelt einander gegenüberstellt, vergleicht Äpfel mit Birnen. Den einen geht es um den Ertrag und den Absatzmarkt, den anderen um die philosophische Haltung zu Mensch und Natur, um die Suche nach authentischem Wein. Was man wirklich darunter versteht, gilt es zu definieren. Dazu nehmen wir Lage und Terroir unter die Lupe.

DIE LAGE ODER DAS »TERROIR«

Boden ist nicht gleich Boden. Qualität wird oft am Ort festgemacht, wo die Traube wächst. Auch das neue Weingesetz ist darauf gemünzt. Um zu verstehen, warum die Lage einen Unterschied macht, hilft es, einen Riesling von der Mosel und einen aus der Pfalz zu vergleichen: Eine Traube kann nichts dafür, wo sie angepflanzt wird, sie zieht allerdings die unterschiedlichsten Dinge aus dem Boden, auf dem sie wächst, aus dem Schiefergestein hier bzw. den Kalk-Lehm-Böden dort, grob gesagt.

Wie aber entstehen die Lagen? Dazu heißt es vom VDP in einer E-Mail:

> Jeder Winzer [kennt] an seinem Ort die besten Lagen, was sich darin widerspiegelt, welchen Preis Interessenten für den Erwerb welchen

> Weinbergs zu zahlen bereit sind. Ferner hielten schon um 1800 historische Lagenkarten, die der VDP online gestellt hat, die Anbauflächen und deren Wertschätzungen fest, die später als Basis für die Grundsteuerfestlegung dienten. Es ist anzunehmen, dass kein Winzer bereit ist, eine hohe Steuerlast zu tragen, wenn er nicht auch mehr aus der Lage erlösen kann. Und so ist es bis heute. Natürlich kristallisieren sich, nicht zuletzt durch den Klimawandel, immer wieder neue Lagen heraus. Der VDP erkennt sie an, sobald sie bestimmte Voraussetzungen erfüllen, zum Beispiel muss die Geschlossenheit der Lagendarstellung gewährleistet sein und ein deutlicher geologischer oder topografischer Unterschied zu anderen. Wenn keine historische Legitimation gegeben ist, müssen in einer Anerkennungsprobe mit fünf Jahrgängen deren außerordentliche Qualität und besonderer Charakter bestätigt werden.

Trauben werden da angebaut, wo sie auch gut wachsen können. Fast alle Weinanbaugebiete liegen an Flüssen und Wasserläufen. Rebstöcke, wie andere Pflanzen auch, brauchen Wasser. Je nach Geologie des Bodens sammelt sich mehr oder weniger Wasser darin. Die Zufuhr für die Pflanzen ist mehr oder weniger konstant. Je besser die Bedingungen sind, desto größer ist die Chance, eine vollaromatische, reife Traube zu ernten und damit dann einen »guten« Wein machen zu können. Diese Voraussetzungen sind aber nicht statisch, daher auch der Hinweis des VDP auf die Klimaveränderung.

» Naturwein ist … für mich das Bewusstsein, der Respekt der Erzeuger gegenüber dem Terroir, dem Weinberg und den Menschen, die diesen Wein trinken. «

– Marco / Cantine Sant Ambroeus

Als im 20. Jahrhundert Industrialisierung und Massenproduktion auch in den Weinbau vordrangen, besann man sich darauf, was schon vorhanden war: den Boden, die Trauben, das Klima und den Menschen dahinter. Der Begriff »Terroir« kommt aus Frankreich und steht heute für die Verbindung dieser vier Parameter im Wein, der damit authentisch, exklusiv und einzigartig per se ist. Solche Produkte werden heute mehr denn je von Verbraucher*innen gesucht und wertgeschätzt. In Frankreich wurde dafür 1935 die Appellation d'Origine Controllé (AOC) gegründet. Damit einher gingen Ertragsregulierungen, um die Wertigkeit zu bewahren.

Neben dem Boden mit seiner geologischen Geschichte und der angepflanzten Rebsorte wirken Natur und Wetter sowie der Faktor Mensch auf die Gegebenheiten ein. Viele Lagen sind heute als einzigartig berühmt, weil Menschen diese Einzigartigkeit mit ihrer Handschrift im Wein eben nur vorsichtig unterstützen und prägen. Oft werden deswegen auf berühmten Lagen nur reinsortige Weine ausgebaut, also mit nur einer Traubensorte, um den Ausdruck des Bodens nicht zu verfälschen.

Warum welcher Boden aufgrund welcher geologischen Beschaffenheit nun für welche Rebsorte geeigneter ist, liegt wiederum an den Traditionen, daran, was man jeweils für gut befunden hat. So gedeiht Riesling zum Beispiel im Elsass in Lagen für große Gewächse (Grand Crus) auf Sandstein, Schiefer oder Gneis, während in Deutschland beste Riesling-Lagen auch auf Kalkstein, Ton, Basalt oder Lehm bestimmt wurden. Diese Traube kann also auf unterschiedlichen Böden ähnlich gute Qualität hervorbringen. Durch Flurbereinigung und Expansion von Weingütern sind viele Lagen erweitert worden, ob sie dieselben Bedingungen hervorbringen oder nicht. Lagenbezeichnungen entwickelten sich immer stärker zu Verkaufsargumenten, sei es bei den AOCs, den VDP-Lagenbezeichnungen oder dem Weingesetz.

Die Regulierung der Einzigartigkeit durch Ertragsminderung ließ die Preise steigen. Einzigartigkeit wird gepflegt. Dass Lagenweine oder AOCs auch konventionell gespritzt werden, die Böden also verarmen, mit Reinzuchthefen vergoren werden dürfen, entsäuert, besäuert, geklärt und geschönt werden, ist eigentlich ein Widerspruch in sich. All diese Verfahren nehmen dem Wein die Ursprünglichkeit und Authentizität und entsprechen nicht mehr dem Ursprungsgedanken von Terroirweinen.

AOC: Die Appellation d'Origine Contrôlée (französisch für »kontrollierte Herkunftsbezeichnung«) kennt man eher von Weinetiketten aus den drei Buchstaben AOC. Als Schutzsiegel für bestimmte landwirtschaftliche Erzeugnisse aus Frankreich und der Schweiz, wie Wein, Champagner, Calvados, Käse und Olivenöl fand es 2014 den Eingang in das EU-weite System für geschützte Herkunftsbezeichnungen. Was bei uns die AP-Nummer ist in Frankreich das AOC. Es wird streng kontrolliert in puncto Herkunft, Reifung und Qualitätsstandard der Produkte.

» Naturwein ist …
eine Lebensphilosophie «

– Carlos / FoodMateri

Jason Groebe vom Weingut Bergkloster im rheinhessischen Westhofen ist stolz auf seine berühmte Lage Morstein. Für ihn ist es selbstverständlich, im Naturweinverfahren auszubauen, um dieser Lage den ehrlichsten Ausdruck zu geben. Als Beispiel für eine Lagenbeschreibung sagt er über seinen Morstein: »Die Lage hat einen Steigungswinkel von etwa 20 % und befindet sich an einem Südhang. Die Abendsonne kommt unserem Riesling besonders zugute, da diese Weinsorte eine sehr hohe Assimilationsleistung zu dieser Tageszeit aufweist. Der Boden setzt sich zusammen aus Kalkstein mit tonigem Mergel, entstanden durch Korallenablagerungen.« (weingut-bergkloster.de) Die Debatte in der Naturweinwelt, ob bestehende Lagen auch merklich bessere Naturweine machen, ist noch in vollem Gange, abhängig davon, ob man in Gebieten mit dieser Tradition wie dem Elsass, der Bourgogne und den deutschen Lagen oder eben ohne Benennung wie in der Ardèche oder dem Languedoc anbaut.

Da die Qualitätsrichtlinien der Lagen immer noch von den etablierten Weinverbänden bestimmt werden, fallen Naturweine schon allein deshalb durch die AP-Prüfung (siehe auch Seite 30), weil sie trüber sind oder anders schmecken, obwohl die Parameter Boden, Rebsorte, Klima und Mensch erfüllt sind.

FAZIT:

Die ursprünglichen nachvollziehbaren Gründe, bestimmte Lagen von anderen Weinbergen zu unterscheiden, weil die Trauben dort besser reifen und besser schmecken, wurden aus meiner Sicht mit den Jahren durch wirtschaftliche Aspekte und Geschmacksgewohnheiten verwässert. Anschaulich zeigen das viele Lagenkarten, die für das Katasteramt wie mit dem Lineal gezogen wurden, nicht strikt nach den geologischen Fakten. Warum aber sollte der Wein links vom Weg anders sein als der rechts davon? Diese künstlichen Grenzen brauchte man, um durch unterschiedliche Etikettierung den Umgang mit den Lagen auf dem Markt regeln zu können.

Die Kritik am Naturwein, man könne das Terroir nicht mehr herausschmecken, ist insofern legitim, als diejenigen, die das beurteilen, vielleicht noch nie einen echten Terroirwein in seiner Ursprungsform ohne Zusatzstoffe und Hilfsmittel im Glas hatten.

In der Grand-Cru-Lage La Tâche im französischen Burgund wächst in der Monopollage der Domaine de la Romanée-Conti einer der berühmtesten Pinot Noirs der Welt. Betrachtet man seine Herstellung, bildet er die Brücke zum Naturwein. In Verkostungsnotizen liest man Begriffe wie rein, authentisch, charaktervoll, lebendig, frisch. Anscheinend kein Mainstream. Das Weingut arbeitet biodynamisch, setzt auf Handlese, vergärt alles spontan auf den traubeneigenen Hefen, keine Filtration, keine Schönung. Über die Schwefelzugabe heißt es, sie sei »gering«. Dieser Wein ist also im weitesten Sinne ein Naturwein und ein echter Terroirwein.

Durch das neue Weingesetz und das wachsende Interesse an naturbelassenen Weinen werden sich die Begriffe Lage und Terroir hoffentlich auch geschmacklich neu definieren.

Naturwein in Frankreich

Frankreich ist aktuell das führende Land in Sachen Naturwein. Der Winzer, Önologe und Biochemiker Jules Chauvet war in den 1970ern im Beaujolais auf der Suche nach authentischen Terroirweinen. Zu dem Vorreiter im chemikalienfreien Reb- und Weinausbau gesellte sich als einer der ersten Wegbegleiter Pierre Overnoy, Winzer aus dem Jura.

Als sie anfingen, Weine anders herzustellen, gab es dafür noch keinen Markt. Sie stellten ihre Weine ihren Weinhändlern vor, die an Naturweine noch nicht gewöhnt waren.

Es gab noch keine Nachfrage nach Naturwein. Sie machten weiter, und es kamen andere Winzer dazu. Ein Mitbegleiter von Chauvet war auch Jacques Neoport, der als Önologe viele Winzer in dieser Art der Weinbereitung beraten hat. Es gab kaum Fachbücher zu diesem Thema, daher war der rege Austausch der Erfahrungen die einzige Möglichkeit, Wissen zu erlangen. Dass Winzer über ihre Kellerarbeit miteinander reden, ehrlich über Fehlschläge berichten, ist einer der wichtigen Pfeiler der Naturweinwelt: das Teilen. In vielen Weinbauregionen ist das noch anders, da sind die Winzernachbarn Konkurrenten und keine Kollegen.

Wenn man heute »vin naturel Paris« online in Maps eingibt, bekommt man über 400 Einträge alleine für diese Stadt. In ganz Frankreich findet man kleine bis größere Ansammlungen von Naturweinbars, Restaurants und Händlern. Wie man aber an den Medien sehen kann, ist das Thema für viele eingefleischte französische Weintrinker*innen immer noch unbekannt. Immer wieder hört man von dem »neuen« vin naturel.

In Frankreich gibt es allerdings schon Blogs, Schriftsteller und Journalisten, die sich ausschließlich diesem Thema widmen. Antonin Iommi-Amunategui brachte 2015 das *Manifeste pour le vin naturel* heraus. Dass alle Naturweinwinzer*innen Revolutionäre wären, kann ich nicht unterschreiben. Um Veränderungen voran zu bringen, braucht es aber vermutlich immer lauterere, extremere Menschen, die den Weg ebnen. Einer davon ist auch Olivier Cousin aus dem Anjou im Loire-Gebiet.

Er bewirtschaftet zehn Hektar auf seiner Domaine Cousin-Leduc im Layon-Tal biodynamisch. 2005 hörte er auf, seine Weine als AOC zu etikettieren, und entschied sich stattdessen für »vin de table« (Tafelwein). Die AOCs entsprachen nicht mehr seinem Anspruch an Qualität – und zwar schon hinsichtlich des Anbaus. Bio- oder biodynamischer Anbau ist dafür nicht vorgegeben. »Meine Enkelkinder können nicht mehr in dem Bach baden, in dem ich als Kind geplanscht habe, er ist von Pestiziden verseucht.« Auch riesige Erträge und Zusatzstoffe sind erlaubt. AOC-Weine gibt es für ein paar Euros im Supermarkt. Olivier Cousin begann, seinen Cabernet Franc als »Anjou Pur Breton« (Breton ist der lokale Name für die Rebsorte Cabernet Franc) zu etikettieren, und versah seine Kartons mit den Buchstaben AOC für Anjou Olivier Cousin, denn bei Tafelweinen dürfen weder Rebsorte noch Region auf dem Etikett stehen.

Die Direction Générale de la Concurrence, de la Consommation et de la Répression des Fraudes (DGCCRF) besuchte ihn daraufhin im März 2011 und klagte ihn anschließend wegen falscher Etikettierung und Verunglimpfung der Appellation an, ein Vergehen, das mit einer Geldstrafe von 37.500 Euro oder bis zu zwei Jahren Gefängnis geahndet wird. Die Weine von Olivier Cousin findet man weltweit, unter anderem im *Noma* in Kopenhagen, einem der besten Restaurants der Welt. Olivier sah sich als Botschafter für seine Region, durfte diese aber auf seinen Weinflaschen nicht nennen. Die Strafe zahlte er und sieht es gelassen: Seine Aktion brachte das grundsätzliche Thema Qualität und AOC in die Medien und versetzte der Lobby damit einen Denkanstoß, wohin es wohl mit dem französischen Kulturgut Wein künftig gehen soll.

Auf seinen Etiketten steht jetzt »vin d'ici« (Wein von hier). Ebenso augenzwinkernd nannte er seinen Gamay »Yamag«, die Rebsorte rückwärts geschrieben. Solche Wortspielereien findet man inzwischen auf vielen Weinflaschen, sie umgehen die Regeln mit Humor, um den Kund*innen Informationen über den Wein zu geben.

Erzähl doch mal... Pierre Overnoy

Inzwischen ist Pierre Overnoy über 80 Jahre alt, er gibt uns einen Einblick in die Anfänge. Das Interview wurde von den Schweizer Journalisten Lukas Frey und Severin Aegerter im Juni 2015 für das Online-Portal *Cultivino* geführt.

Als Sie das elterliche Gut in den 60er Jahren übernommen haben, wie sah damals der Weinbau im Jura aus im Vergleich zu heute.

Um die Entwicklung der Maison Overnoy verstehen zu können, lohnt sich ein Blick zurück in die Geschichte und Entwicklung des Weinbaus im Jura, denn unser Familienbetrieb illustriert dies in meinen Augen recht gut und ist typisch für die Region. Nach den Verwüstungen der teilweise jahrhundertealten Rebberge durch die **Reblaus** waren die meisten Betriebe gezwungen, als Mischbetriebe ihre Produktion zu diversifizieren. Man baute zwar noch Wein an, hatte aber ein Standbein in der Vieh- und teilweise auch in der Forstwirtschaft. Da die Reblausschäden zwischen 1930 und 1933 vier Ernten komplett ausfallen ließen, brachen auch etablierte Verkaufskanäle und Kunden weg, was die ökonomische Basis der Betriebe zusätzlich erschütterte. Den Mischbetrieb meiner Großeltern und Eltern muss man daher in diesem Licht sehen. Praktisch alle produzierten damals in ähnlichen Strukturen. Mit der Übernahme des elterlichen Betriebes haben wir dann jedoch die Produktionszweige unter den Geschwistern aufgeteilt. Mein Bruder übernahm den Landwirtschaftszweig und ich übernahm den Weinbau.

REBLAUS: Die Reblaus (Daktulosphaira vitifoliae, Syn.: Viteus vitifoliae) ist eine Pflanzenlaus aus der Familie der Zwergläuse (Phylloxeridae). In Europa als Neozoon aus Nordamerika eingeschleppt, hat sie Ende des 19. Jahrhunderts bis zu 70 % der Weinbergsfläche zerstört. Sie gilt noch immer als bedeutender Schädling im Weinbau. Heute werden Rebsorten in Rebschulen auf amerikanische Stöcke gepropft, die der Reblaus widerstehen.

Haben Sie damals Dinge bewusst verändert im Betrieb?

1964 machte ich ein Praktikum in Beaune und wurde dabei mit dem konfrontiert, was als das Maß der Dinge des damaligen sogenannt modernen Weinbaus galt. Ich machte mich mit den Techniken vertraut, die insbesondere in Kelterung und Kellerarbeit propagiert wurden. Zurück zu Hause begann ich, das Gelernte anzuwenden und mit den empfohlenen Kellertechniken zu arbeiten. Aber ich war rundum enttäuscht: Wenn ich in den Keller kam und meine Nase in einen Gärbottich oder in ein Fass hielt, waren die Düfte und Geschmacksnoten stumpf, simpel und nach meinem Empfinden nicht mehr fein. Was ich früher auf dem elterlichen Betrieb zu riechen und zu schmecken gewohnt war, fehlte komplett.

Ich habe mich in dieser Zeit intensiv mit Jules Chauvet, Beaujolais-Winzer, Chemiker und aus heutiger Sicht eigentlicher Vater des chemikalienfreien Reb- und Weinbaus auseinandergesetzt und ausgetauscht. Dabei wurde mir klar, dass die modernen Hilfsmittel und Kellertechniken, insbesondere der Einsatz von Reinzuchthefen und Schwefel, die Aromatik des Weins massiv limitieren und verändern. Ich wurde mir bewusst, dass das Sicherheitsdenken, wie es in der damals modernen und zunehmend industrialisierten Weinbereitung Einzug hielt, auf Kosten des Geschmacks geschah. Das wollte ich nicht, dieser Kompromiss hätte viel zu schwer gewogen. So habe ich den kurzen Irrweg im Zusammenhang mit meinem Praktikum in Beaune bereits 1966 wieder verlassen und kelterte seit da komplett schwefelfrei.

An wen konnten Sie sich wenden, wenn Sie Rat einholen mussten? Hatten Sie so etwas wie einen Mentor nebst der Familie? Wie hat man sich damals unter den Winzern ausgetauscht?

Wie gesagt: Die Inspirationen, die einleuchtenden Argumentationen und das wissenschaftliche Fundament holte ich mir bei Jules Chauvet. Aber praktisch waren wir in der damaligen Zeit bloß einige wenige Idealisten. Wir entsprachen in keiner Weise dem Zeitgeist der Modernität, man nannte uns gar Lügner, denn schwefelfreie Weinbereitung betrachtete man als nicht machbar und somit glaubte man unserem Bekenntnis nicht. Jedoch insbesondere im Beaujolais gab es eine kleine Gruppe von 3-4 Winzern, unter anderem Marcel Lapierre und Jean Foillard, mit denen ich mich regelmäßig austauschen konnte, sodass wir uns auch gegenseitig in unseren eingeschlagenen Wegen bestärkten.

In den 60er Jahren wurden Sie mit den Verlockungen und Arbeitserleichterungen der Chemischen Industrie konfrontiert. Was hat Sie davon abgehalten, Chemikalien im Rebbau und im Keller einzusetzen?

In dieser Zeit versuchte die chemische Industrie, mit Außendienstmitarbeitern die Winzer stark zu beeinflussen. Überall wurden Demonstrationen angeboten, wo insbesondere der Chemieeinsatz im Rebberg gezeigt wurde. Wenn normalerweise zwei Personen einen Rebberg während einer Woche vom Unkraut befreiten, konnte der Vertreter dem staunenden Publikum zeigen, wie seine Herbizide in einem 2-stündigen Arbeitsgang die gleiche Arbeit erledigen. Das überzeugte natürlich viele. Aber das sichtbare Resultat verbirgt dabei alle unsichtbaren und langfristigen Schäden: Die Mikroorganismen im Boden leiden, die Biodiversität und das systemische Gleichgewicht im Rebberg geht zurück, die Vielzahl an Hefen wird limitiert, das Grundwasser verliert an Qualität. Obwohl man uns als Verweigerer und Dinosaurier betitelte, war es auch unsere Angst, dass die Chemie mehr Schaden als Nutzen bringt, die uns davon abhielt, vermeintlichen Verlockungen zu erliegen.

Ich habe nie chemisch Unkraut vernichtet. Das war denn auch die Grundvoraussetzung, dass ich im Keller ohne Schwefel arbeiten konnte. Mir war bewusst, dass Wein nicht im Keller entsteht, sondern im Rebberg, gar im Boden. Das Leben des Babys beginnt auch nicht im Gebärsaal, sondern im Bauch der Mutter. Und dort, d. h. bereits in und mit der Mutter müssen logischerweise auch alle Anstrengungen ansetzen, ein möglichst gesundes Baby zu bekommen. Wenn der Wein gesund sein soll, muss das im Rebberg geschehen. Ist das geerntete Traubengut von maximaler Qualität und Gesundheit, wird der Wein im Keller von selber gut. Alle chemischen Zugaben im Keller sind Medikamente, die versuchen, ein krankes Traubengut zu heilen. Das kann ja nicht funktionieren!

Wenn man Unkraut chemisch vernichtet, zerstört man gleichzeitig einen Großteil der Hefen - v. a. die guten und interessanten Hefen - und ermöglicht so, dass die schlechten Hefen überhandnehmen. Zugleich wurzeln Rebstöcke in mit Herbiziden behandelten Rebbergen sehr viel oberflächlicher, was zu einer übermäßigen Aufnahme von Kalium führt. Der pH-Wert des Traubenguts steigt stark an, was wiederum den Einsatz von Schwefel zur Sicherstellung der Stabilität notwendig macht.

Sicherlich war ich persönlich und von meinem Naturell her auch bereit, vermeintlich steinige Wege zu gehen. Denn als alleinstehender Mann, der keine Familie zu ernähren hatte, konnte ich auch gewisse finanzielle Risiken eingehen und musste mich nicht dem bereits erwähnten Sicherheitsdenken anschließen, das die Vertreter der chemischen Industrie uns Weinbauern zu verheißen versuchten.

Hatte der Zeitgeist jemals einen Einfluss auf Ihre Arbeit als Winzer oder in Ihrer ästhetischen Definition von Wein?

Der Zeitgeist ist ja auch ein Teil des Kontextes, in dem wir uns bewegen und indem wir leben. Er verändert sich laufend. Man kann mitschwimmen, ihn aufnehmen oder dagegenhalten. Oder ihn ignorieren, selbst wenn man von außen betrachtet dem Zeitgeist entspricht. Ich betrieb einen Weinbau entsprechend meiner Überzeugungen. Die Lagerfähigkeit meiner Weine bestätigt meine Überzeugung. Wenn ein 40-jähriger Wein eine Frische zeigt, die selbst vielen jungen Weinen abgeht, brauche ich keine weiteren Erklärungsversuche.

Wenn Sie Ihre Anfangszeit mit derjenigen eines jungen Winzers wie Etienne Thiébaud vergleichen, sind die Voraussetzungen heute gänzlich unterschiedlich?

Die heutigen Winzer wissen, dass es möglich ist, Weine ohne jegliche Chemie zu keltern. Das ist natürlich eine andere Ausgangslage, die Sicherheit gibt und junge Winzer bestärkt. Im heutigen Bewusstsein spielt die Natur eine größere Rolle, wenngleich viele und vieles eher einer Logik des Marketings folgen und keine echte Auseinandersetzung in der Tiefe und Breite des Themas und mit allen Konsequenzen führen. So gibt es natürlich einige Produzenten, die im Rebberg auf den Einsatz von Chemie verzichten, bloß um Öko-**Subventionen** beziehen zu können. Aber eine wachsende Anzahl Winzer und Konsumenten ist sich der negativen Auswirkungen der Irrwege in der Landwirtschaft bewusst und versucht einen alternativen Weg zu begehen.

SUBVENTIONEN: Wie alle landwirtschaftlichen Betriebe werden auch Weingüter von der EU oder den einzelnen Staaten subventioniert.

Etienne Thiébaud ist ein Quereinsteiger. Wären Weine wie er Sie heute keltert überhaupt möglich, wenn es Sie und andere Vordenker im Jura nicht gegeben hätte?

Etienne Thiébaud gehört zu meinen bevorzugten Winzern der heutigen Generation. Aber er geht seinen Weg in seiner Zeit und mit seinem Umfeld. Der Austausch erfolgt heute vielmehr zwischen den Jungen, als von den Alten zu den Jungen. Die heutigen Diskurse sind breiter, tiefer und weitergehend als vor 50 Jahren. Auch reisen die heutigen Winzer viel mehr, besuchen sich gegenseitig und tauschen Erfahrungen aus. Aber eben: Die heutigen Winzer wissen, dass chemikalienfreier Weinbau möglich ist. Für derartige Erkenntnisse war ich bestenfalls Bindeglied von der einen zur anderen Generation. Das ist nicht Bescheidenheit meinerseits, sondern einfach realistisch. Alles in allem vermute ich, dass diese neue Generation sehr weit kommen wird.

Welchen Stellenwert hat die Tradition in der Weinkultur aus Ihrer Sicht?

Einerseits kann man Wissen tradieren, von einer Generation zur nächsten übergeben. Das ist unbestritten sehr wichtig. Denn wenn ich mit über 80 Jahren sterben werde, weiß ich, dass ich zwar nur sehr wenig weiß, dies aber bestmöglich weitergegeben haben werde. So wie ich die Vorleistungen früherer Generationen mitbekommen habe, habe ich den Betrieb an meinen ehemaligen Praktikanten und langjährigen Mitarbeiter Emmanuel Huillon übergeben. Die Übergabe des Wissens erfolgte über all die Jahre der Zusammenarbeit. Es ist mir ein großes Anliegen, dass Geschmack und wahre Qualität von Produkten tradiert werden können. Wer weiß heute noch, was ein gutes Huhn ist, wie ein gutes Poulet schmeckt? Heute macht uns das homogenisierte Angebot der Agroindustrie und der Lebensmittelindustrie mitsamt den Verkaufskanälen und dem Marketing in Supermärkten glauben, ihr jeweiliges Angebot sei Qualität. Die Monopole verhindern, dass die Leute Qualitäten vergleichen können. Meine Hühner hört man gackern. Meine Bienen sammeln Honig und das Brot backen wir wöchentlich. Wenn man somit heute nicht das Privileg hat, Qualität erfahren zu dürfen und somit Geschmack kennen zu können, weiß man nicht, was gut ist. Das sind kulturelle Werte, die stark bedroht sind und verloren zu gehen drohen. Den Geschmack guter Qualität zu tradieren ist essentiell und dafür kämpfe ich.

Wie charakterisieren Sie die Weinregion des Französischen Jura?

Der Französische Jura war lange Zeit – und vermutlich ist er es auch heute noch – weniger durch die Chemie zerstört als andere Weinbauregionen Frankreichs. Denn die hier gezwungenermaßen in Mischbetrieben produzierenden Bauern und Winzer setzten die Chemie zurückhaltender und langsamer ein, als dies in Betrieben in Regionen mit Rebbau als Monokultur geschah. Zudem haben viele Winzer, ich eingeschlossen, Neupflanzungen auf Parzellen machen können, die bereits vor der Reblaus mit Reben bestockt waren – was ein großer Vorteil ist. Davon können wir hier im Jura heute natürlich zusätzlich profitieren. Zudem ist der natürliche Reichtum dieser im Vergleich sehr kleinen Region sehr hoch. Aufgrund der landschaftlichen und natürlichen Diversität, wo sich Weiden, Wälder, Hecken und Rebberge in kleiner Gliederung abwechseln, konnte sich auch nie eine Monokultur aus Reben entwickeln.

Welche Vorzüge oder Besonderheiten sollte ein Wein transportieren, wenn er Sie berühren soll?

Ein großer Wein ist ein Wein mit einer großen Komplexität. Wenn man mit Schwefel arbeitet, tötet man die einfachen Hefen ab und bewirkt eine aromatische Auswahl, ein Verlust an Komplexität. Für mich müssen alle Hefen arbeiten können. Daraus resultiert aromatische und degustative Komplexität.

Der Alkoholgehalt ist ein uninteressanter Aspekt des Weins. Einen geringen Alkoholgehalt gleichzusetzen mit einem kleinen Wein ist absurd. Solange der Alkohol natürlicherweise entsteht, ist es das eine. Wenn er jedoch mit Chapitalisation verstärkt wird, ist er uninteressant.

Ebenso bedeutet Länge per se noch gar nichts. Man muss die Qualität der Länge betrachten. Chemieeinsatz kann zu Weinen mit großer Länge führen, aber wenn schlechte Geschmäcker lange im Mund nachhallen, ist das uninteressant oder gar schlecht.

Die Chemie merkt man zudem erst am Ende, denn zu Beginn, beim Erstkontakt im Mund, sind die meisten Weine noch schnell mal gut.

Ästhetisch gesehen muss ein guter Wein komplex und gleichzeitig harmonisch sein. Damit meine ich nicht den überstrapazierten Begriff des Gleichgewichts. Wenn eine Floristin einen Blumenstrauß zusammenstellt und drei rote, drei blaue, drei gelbe, drei grüne und drei weiße Blumen zusammenbindet, mag das als Gleichgewicht angesehen werden.

Dem Blumenstrauß fehlt die Harmonie vermutlich jedoch komplett, denn er ist schrill. Zwar ausgewogen aber nicht harmonisch. Komplexe Harmonie ist mein primäres ästhetisches Kriterium.

Aber eigentlich rede ich gar nicht so gern über Wein. Denn als es noch Wein gab, redete man auch nicht darüber. Nur heute, wo es kaum mehr Wein gibt, redet man andauernd darüber. Ein guter Wein soll Nahrungsmittel sein und uns gut tun. Der Körper spürt das sehr genau, so wie er eigentlich auch spürt, was ungesund ist.

VIVENT LES VINS...
LIBRES !
DÉGUSTATION
LE 29 JUIN 2014 CHEZ QUEDUBON
DE 10H À 18H PAF : 5€

Naturwein in Deutschland

So wie in Frankreich gab es auch in Deutschland Naturwein schon früher. Seine Neubenennung und -definition begann erst mühsam am Ende der 2000er-Jahre und steckt noch in den Babysocken.

Als ich 2008 von der Naturweinmesse aus Marseille zurück nach Köln kam und nun Naturwein kaufen und trinken wollte, recherchierte ich online. Die Suchmaschinen brachten mich nur auf den erwähnten VDP und die Naturweinversteigerer (siehe auch Seite 65).

Einen Händler fand ich in Dorsten bei Münster – Egon Kleine-Homann mit seinem Weinhandel Kleine-Homanns Winzerweine. Er hatte ein paar Naturweine im Sortiment, sonst fand ich nichts. Ihn gibt es immer noch, in der deutschen Naturweinwelt taucht er aber kaum als Händler auf. Er ist nicht in den sozialen Medien aktiv und der Hype-Rummel um diese Weine interessiert ihn nicht. Für dieses Buch gab er mir das Okay erwähnt zu werden. Er kannte noch Jules Chauvet persönlich, ist mit Overnoy befreundet. Er ist seit 46 Jahren dabei. Unter den französischen Winzern heißt er nur »la camionette bleue« – der blaue Lieferwagen. Wenn der mal wieder im Hof stand, war Egon da, um Weine einzukaufen.

Ich machte mich damals also weiter auf die Suche in Weinfachgeschäften. Das lief zumeist so ab: »Guten Tag, haben Sie einen Wein, der ohne Zusatzstoffe hergestellt wurde?« Händler: »Ja, das hier ist ein Biowein.« – »Bio ist ja schon toll, aber wissen Sie denn, auf welcher Hefe dieser Wein vergoren wurde?« Händler: »Der ist sehr gut, er hat auch Medaillen bekommen und ist bio.« – »Das war nicht die Frage.« Im Nachhinein denke ich, dass viele Weinhändler vermutlich gar nicht über die Herstellung informiert waren. Vielleicht hatten sie sogar Naturweine im Sortiment, ohne es zu wissen. Hefe, Schwefelung, Filtration, Schönung –waren keine Tabuthemen, sondern einfach im gängigen Weindialog nicht präsent. Kurzum: Ein Naturweinmarkt existierte noch nicht. Man nannte mir immerhin Weingüter, die »nichts reintun«. Dort rief ich an: »Guten Tag, ich würde gerne wissen, was mit der Traube passiert, wenn sie in den Keller kommt. Tun sie da sonst noch etwas dazu?« Winzer: »Nein, der Traubensaft vergärt einfach.« Ich freute mich, endlich einen deutschen Naturwinzer gefunden zu haben, der anscheinend auf den traubeneigenen Hefen die Spontangärung anging, und fragte trotzdem nach: »Sie fügen also keine Reinzuchthefen zu?« Winzer: »Ja doch, das muss ich ja, um Wein zu machen.« Ich lernte, bessere Fragen zu stellen.

» Naturwein ist … eine Lebenseinstellung. Wie gehe ich mit Ressourcen um, wie wollen wir zukünftig leben? Das ist viel mehr, als nur ungeschwefelter Wein. Für uns als Händler bedeutet das auch viel Aufklärungsarbeit, die wir gerne leisten. Wir freuen uns, wenn wir neue Kunden oder Gastronomen mit unseren Weinen begeistern können und da eine Türe aufstoßen. Auch das Thema Preis: Was darf denn ein Wein kosten? Da geht es auch um Wertschätzung für landwirtschaftlich produzierte Produkte. «

– Sabine & Tina / wir2liebenwein

Im Herbst 2009 erhielt ich die erste Palette im Wert von 3.000 Euro mit 600 Flaschen aus Südfrankreich. Mit 20 Euro für den Gewerbeschein obendrauf war ich auf einmal Weinhändlerin. Aus Berlin hörte ich von Holger Schwarz' Weinladen *Viniculture* mit einer kleinen Auswahl an Naturweinen und in München eröffnete bald darauf das Restaurant *M-Belleville* von Wolfgang Panzer und Tochter Manina Leipert mit ausschließlich Naturweinen im Sortiment. Auch in der Nürnberger *K&U-Weinhalle* bei Martin Kössler war das Thema angekommen. Joachim Christ, Weingroßhändler aus Hannover mischte etwas mit, Alex Zülch stieß mit dem Online-Shop *Lebendige Weine* dazu. Das war alles noch sehr überschaubar. Deutsche Weingüter waren in den Sortimenten kaum vertreten. Ich besuchte Weinmessen und recherchierte dort unter den Bioweingütern, stellte Fragen, erntete Kopfschütteln und des Öfteren die Antwort, es könne nicht sein, ich hätte mich verhört, Wein ohne Schwefel wäre nun mal nicht trinkbar, geschweige denn lagerfähig.

Im Sommelier-Magazin des Meininger-Verlags erschien 2012 ein kurzer Artikel, in der *Vinum* lautete 2013 eine Überschrift »Mythos Naturwein«; auch im *Feinschmecker* konnte man in jener Zeit Artikel über den »sogenannten Naturwein« lesen. Die Meinungen gingen weit auseinander. Das Fehlen einer greifbaren und allgemeingültigen Definition verwirrte. Skeptiker kamen zu Wort und warnten, die Weine seien immer oxidiert, könnten fehlerhaft sein und nicht stabil. Sie seien gefährlich für die Gesundheit, da mehr **Histamin** entstehen könnte. Die Angst war groß, obwohl der Marktanteil damals so verschwindend gering war.

Zumindest wurde in solchen Artikeln das Thema Vinifikation, Weinausbau, überhaupt mal erwähnt. Zu diesem Zeitpunkt wusste kaum jemand, dass Weine mit Hilfe einer großen Palette an Zusatzstoffen und Hilfsmitteln hergestellt werden durften. Da war ein neues Thema, das langsam in den Köpfen zu arbeiten anfing. Stimmte es denn, was die Weinwissenschaft seit Jahren behauptete, dass nämlich jeder Wein geschwefelt und filtriert werden müsse und dass Reinzuchthefen ein Muss seien?

HISTAMIN: Histamin wurde 1911 das erste Mal als chemische Substanz beschrieben und gehört zu den sogenannten biogenen Aminen, das ist eine Gruppe von organischen Substanzen, die aus Aminosäuren gebildet werden. Sie dienen im Körper als Vorstufe für die Bildung von Vitaminen oder Coenzymen und können auch selbst Wirkung entfalten. Im Körper erfüllt es wichtige Funktionen, z. B. als Neurotransmitter, es beeinflusst den Schlaf-Wach-Rhythmus, wirkt gefäßerweiternd und dadurch blutdrucksenkend. Histamin wirkt regulativ und ist in die Wundheilung, die Regulation der Magensaftsekretion und die Steuerung unseres Appetits involviert. Es wird von Menschen, aber auch von Tieren, Pflanzen und Mikroorganismen produziert. Insofern befindet es sich auch in fast jedem Lebensmittel in mehr oder weniger großer Menge und kann mit der Nahrung aufgenommen werden. (vgl. biowein-erlesen.de)

2014 veranstaltete ich meine erste Hausmesse mit fünf Weingütern aus drei Ländern in meinem 30-Quadratmeter-Ladenlokal. Im März 2015 folgte die erste offizielle Weinmesse, der *Weinsalon Natürel* in Köln. Im November desselben Jahres kam Isabelle Legeron, Französin und Master of Wine, mit ihrem Naturweinmesse-Format *RAW Winefair* nach Berlin. Auf beiden Veranstaltungen musste man deutsche Weingüter noch suchen. Kritiker zerrissen sich die Mäuler: »untrinkbar«, »nicht rebsortentreu«, »stinkt nach Pferdearsch und Katzenpisse gleichzeitig«.

Bald aber trennte sich die Spreu vom Weizen, wem es nicht schmeckte, der ließ es, andere wurden neugierig. So wuchs die kleine Welt stetig, Weingüter kamen dazu, oft durch Generationsübergabe. Die Erben studierten an Hochschulen, absolvierten

Praktika im Ausland in naturweinaffinen Weingütern und meinten schließlich: »Papa, wir machen da jetzt nichts mehr rein – das geht.« – »Na bitte, dann versuch dich mal, ein Fass kannste machen – wird eh nicht funktionieren.«

Ein Testballon reichte oft, auch die Vorgeneration zu überzeugen. Da es damals noch nicht viele Händler in Deutschland gab, war der Absatzmarkt schwierig, aber möglich. Man fand sich, kam zusammen, probierte die ersten Versuche, orientierte sich vielleicht an deutschsprachigen Beratern, zum Beispiel im Elsass.

Von fünf deutschen Weingütern mit je maximal zwei, drei Weinen beim *Weinsalon Natürel* 2015 wuchs ihre Anzahl bis zur für 2020 geplanten Messe (wegen Corona abgesagt) auf 20 Winzer*innen mit je mindestens vier Weinen an. Die Begeisterung schien ansteckend.

> »Naturwein ist … Immer wieder ein Erlebnis und die Befriedigung, etwas Sinnvolles zu unterstützen!«
>
> – Ralf & Christoph / Vin Vin Cyll Voigt

Bis vor zwei Jahren hätte ich noch sagen können, ich kenne alle, die in Deutschland irgendwie Naturwein verkaufen. Das hat sich geändert. Der Überblick ist durch die schöne Vielfalt an Akteuren nicht mehr da.

Durch die Weinmessen in Deutschland, den Austausch weniger Händler mit ihren französischen Kollegen, konnten sich die jungen deutschen Naturweingüter schnell im europäischen und internationalen Naturwein-Markt etablieren. Der ist dann doch kleiner als die große weite Weinwelt, und deutsche Naturweine waren etwas Neues. Manche Weingüter, die 2014 noch komplett unbekannt waren, sind inzwischen in vielen Ländern so bekannt und begehrt, dass ihre Weine oft schnell ausverkauft sind.

»EAT AND DRINK IN PARIS« – WAS EIN VIDEOCLIP AUSLÖSEN KANN

Der digitale Food-Kanal *Munchies* des Medienunternehmens VICE machte 2016 mit dem Format »Eat and drink in Paris« vor allem junge Leute auf Naturwein aufmerksam. Darin trank sich der US-amerikanische Rapper Action Bronson im ersten Teil in Paris durch alle Naturwein-Bars. Weinhändler Clovis Ochin erzählte ihm von den Weinen, den Winzern und den Geschichten drum herum, meistens leger auf einer Außenterrasse im II. Arrondissement. Diese Videos erreichten auch in Deutschland eine ganze Reihe von jungen Menschen, die sich sogleich auf die Suche nach solchen Freiheitsgefühl bewirkenden Tropfen begaben. Es folgten weitere Episoden bis hin zur Herstellung eines gemeinsamen Weines mit Patrick Bouju, einem Winzer in der Auvergne. Vor allem junge Männer, die sich von der Ernsthaftigkeit der normalen Weinwelt nicht angesprochen fühlten, fanden über diese Clips einen Zugang zum vergorenen Traubensaft.

Hätte Action Bronson Mate Tee in dieser Art propagiert, wäre dieser jetzt vielleicht auch ein Hype. Es war aber nun mal Naturwein und tat diesem auch gut.

EINE FRAGE DER ZEIT?

Ich wurde oft gefragt, warum Deutschland im Thema Naturwein im europäischen Vergleich so spät dran ist. Michael Völker von 2Naturkinder aus Franken (siehe auch Seite 161) erzählte mir bereits vor ein paar Jahren, es gäbe Bestrebungen von offizieller Stelle, »Naturwein« hin zu einer offiziellen Richtlinie zu lenken. Bis heute gibt es keine Regelung für diesen Begriff, obwohl es Deutschland an Weingesetzen nicht mangelt.

Die meisten Naturweine auf dem Markt sind ohne AOC, AP-Nummer oder andere Qualitätsauszeichnungen als »Deutscher Wein«, »vin de France« oder auch »Landwein« gelabelt, was ja nichts über die tatsächliche Machart aussagt. Ergo: Verbraucher*innen müssen den Händler*innen vertrauen, so wie Letztere auch den Weingütern vertrauen. Das mit dem Vertrauen anstelle von Kontrolle ist wohl keine deutsche Eigenschaft. Sobald hier etwas auf den Markt kommt, muss es reguliert werden, sonst darf es nicht existieren. Wo Kontrolle ist, ist auch ein Label und eine Marktregulierung möglich. Dem unterwirft sich Naturwein bis jetzt eben noch nicht. Die Strategie von vielen Naturweinwinzer*innen, ihre Weine in den untersten Kategorien von handelsüblichem Wein auf den Markt zu bringen und entsprechend absolut legal und regelkonform zu etikettieren, sich gleichzeitig aber preislich eher in der obersten Kategorie zu bewegen, stößt ein ungeschriebenes Gesetz um: Tafelwein = billig. Das erregt natürlich die Gemüter.

Einerseits verschafft die Einstufung in die untersten Kategorien Winzern die größtmögliche Freiheit in der Weinherstellung, wie sie für Naturwein absolut notwendig ist. Denn die Sensorikprüfungen für die AP-Nummern grenzen genau die Möglichkeiten und die Vielfalt im Geschmack ein, die der unverfälschte Ausdruck der Traube mit ihrer Herkunft samt menschlicher Handschrift zu bieten hat. Naturwein kann nur mit den kleinstmöglichen Restriktionen und Begrenzungen von behördlicher Seite funktionieren.

Andererseits rufen Preisgestaltung und Naturwein-Hype auch herkömmlich arbeitende Hersteller auf den Plan, die nun ebenfalls Naturweine oder auch die neuen Modeweine Pet Nat und Orangewine produzieren. Oft arbeiten diese Weingüter im Anbau nicht biologisch. Die Grundvoraussetzung für Naturwein ist also nicht gegeben. Die ebenfalls noch nicht geschützten, also legitimen Begriffe »Orangewine« und »Pet Nat« werden dennoch mit der Naturweinwelt verwoben. Es wird also ein wenig verwirrend, da eben nicht jeder Orangewine und jeder Pet Nat auch automatisch ein Naturwein ist. Eine Auswahl deutscher Naturweingüter findet sich in diesem Buch (ab Seite 161).

» Naturwein ist … der einzige Weg. «

– Francesco / Fyt Wine

WWW.LAREMISE.FR
MARS
28
29
2021
CAVES OUVERTES
LES REMISES

brut(es)
salon de vins nature d'Est et d'ailleurs…& marché paysan b
buvable(s), naturellement
6/7 novembre 20
MOTOCO MULHOUS
salonbrutes.fr

SCOUBI
DIIIIIVE!
21ème DIVE BOUTEILLE
Saumur
2-3 Février 2020

vinnatur
UVA
PRODIGIO
17° EDIZIONE
VINNATUR TASTING
18/19/20 APRILE 2020
SHOWROOM MARGRAF
GAMBELLARA · VICENZA
DEGUSTAZIONE VINI NATURALI
Natural wine tasting
dalle 10.00 alle 18.00
from 10am to 6pm
DEGUSTAZIONE APERTA AL PUBBLICO
con la presenza di 170 vignaioli da tutta Europa
Wine tasting with 170 selected European winegrowers
BIGLIETTO D'INGRESSO 25.00 EURO
comprensivo di calice da degustazione e guida dell'evento
TICKET 25.00 euro with complimentary wine glass and the 2020 official catalogue
SHOWROOM MARGRAF
Via Torri di Confine 15
Gambellara · Vicenza · Italy

PARKER GAVE ME 50
KARAKTERRE 8
Central and Eastern Europe's leading wine salon
Saturday, 7 December 2019
12:30 – 19:30
mumok Hofstallung in MQ,
Vienna-Austria

Saumur
3-4 février 2019
20ème
bise bouteille

RAW
BERLIN
WINE
The artisan wine fair is back in town!
Entdecke die faszinierende Welt der Naturweine.
Begegnet den besten Weintalenten der Welt. Verkostet und entdeckt die Weine von über 120 Winzern. Für Fachpublikum, Neuentdecker und Liebhaber.
RAW WINE™
Berlin 2019
Markthalle Neun
10997 Berlin-Kreuzberg
Offen für Fachpublikum und Privatpersonen
10.00 - 18.00
Tickets gibt es auf rawwine.com

11-18h
Sa+So
LA VINCAILLERIE présente
WEIN SALON
NATÜREL
COLOGNE
6
14.+15.03
2020
Naturwein Messe
Balloni, Köln
Natural wine Fair
tickets+infos
www.weinsalonnaturel.com

LA VINCAILLERIE présente
WEIN SALON
NATÜREL
COLOGNE
Sa 14.03.15
11–18:00h
WEINMESSE

WO FINDET MAN IHN?

WEINMESSEN

Messen sind Hauptverkaufskanäle. 1999 fiel der Startschuss an der Loire. Ende Januar finden dort traditionell die großen *Salons des vins de la Loire* statt. Die damals existierenden ersten Naturweingüter fühlten sich auf der normalen Weinmesse nicht mehr verstanden. Um Sylvie Augérau als Veranstalterin sammelten sich auf der ersten *Dive Bouteille* nicht mal 50 Winzer, zunächst vorwiegend aus der Region, später wurden auch andere Weingüter aus Frankreich eingeladen. Ihr 20. Jubiläum feierte diese Naturweinmesse in den großen Caves Ackerman in Saumur. Mit rund 250 Ausstellern aus 15 Ländern hat sie sich zu DER internationalen Naturweinmesse entwickelt. Weil sich auch hier manche Weingüter nicht finden, hat die Dive mittlerweile schon fünf Nebenmessen, die alle unterschiedliche Schwerpunkte haben:

GRENIER ST. JEAN: Hier treffen sich rund 260 Aussteller aus acht Ländern, die biodynamisch arbeiten. Organisiert wird diese Naturweinmesse von der Vereinigung »Renaissance des Appellations« um Nicolas Joly.

LES ANONYMES: Von Winzern organisiert, versammelt diese Messe die sogenannten Zéro/zéro-Weine, also ohne Schwefelzugabe, von 70 Ausstellern aus fünf Ländern.

LES PÉNITENTES: Diese Weinmesse veranstalten die Brüder Puzelat, Winzer an der Loire, die auch als Importeure arbeiten und den Weingütern, die sie vertreten, sowie ihren Freunden eine Bühne bieten. 30 Weingüter aus vier Ländern stellen sich hier vor.

TOUR DE FRUIT: Neu dabei ist diese Weinmesse für Blubberndes und Vergorenes, auf der sich auch stille Weine finden lassen. Sie bietet Platz für Pet Nats, Cider, Bier und Kuriositäten.

SALON DEMETER: Der Demeter-Verband Frankreich organisiert in den *Salons des vins de la Loire* eine integrierte eigene Weinmesse, die *La Levée de la Loire,* die bereits rund ein Viertel der Messefläche belegt.

Zum Vergleich: Die *ProWein,* eine der größten Weinmessen der Welt in Düsseldorf, zählt knapp 7.000 Aussteller. Rechnet man alle Messen um die *Dive* zusammen, ergeben sich rund 800 Aussteller. Und es werden jährlich mehr, sodass manche alteingesessene Hersteller »den Neuen Platz machen« und ein paar Kilometer entfernt auf ihren Weingütern bleiben, wo sie auch anderen Winzern »Zuflucht« bieten. Diese Branchentreffs rund um das erste Februarwochenende in Saumur und in Angers gestalten sich daher für Weinhändler*innen immer sehr sportlich. Die Gesamtzahl der Aussteller ist selbst bei strenger Vorbereitung nicht mehr zu bewältigen, Platz für Überraschungen muss es ja auch noch geben.

Zu Beginn der 2000er-Jahre kamen weitere Weinmessen dazu. *Les Divins Cochons* in der Auvergne und *La Remise* in Südfrankreich. Heutzutage könnten Weinhändler*innen von Januar bis April wohl jedes Wochenende auf einer französischen Naturweinmesse verbringen. Die meisten Messen sind übrigens für Fachpublikum reserviert, aber nicht alle.

MASTER OF WINE: der renommierteste Titel, den ein Weinfachmensch mit abgeschlossener Ausbildung am Institute of Masters of Wine erlangen kann

Blickt man über Frankreich hinaus, so ist die bekannteste, weil lauteste und internationalste Naturweinmesse die *RAW WINE.* 2012 von Frankreichs erster weiblicher **Master of Wine** Isabelle Legeron in London gegründet, findet die Messe inzwischen auch in Wien, Berlin, New York, Los Angeles und in Kanada statt. Isabelle Legeron stellte in einem Webinar 2021, in dem es um die Frage ging, ob Naturwein gelabelt werden sollte, noch einmal klar, dass die *RAW WINE* keine reine Naturweinmesse sei, da Weine mit bis zu 70 Milligramm Schwefel pro Liter vorgestellt werden. Sie spricht jetzt von »Artisan Wine». In Italien, Spanien, Österreich, den Niederlanden, Belgien, selbst in Brasilien und Australien sind Naturweinmessen zu finden.

In Deutschland gibt es aktuell jährlich den *Weinsalon Natürel* in Köln und alle zwei Jahre die *RAW WINE* in Berlin. Da auch hierzulande dieser Zug nicht mehr aufzuhalten ist, werden sich sicher in Zukunft weitere hinzugesellen. Die meisten Naturweinmessen unterscheiden sich schon optisch von den herkömmlichen. Roll-ups, aufwendig gestaltete Stände, Hostessen in extra gelabelter Kleidung – all das sucht man vergebens. Einen Tisch, Flaschen drauf, einen Spucknapf, eine Flasche Wasser und einen Korkenzieher – mehr braucht es nicht. Der Gedanke, dass jeder Wein auf dem Tisch einzigartig ist, braucht nicht viel an Drumherum.

Winzerin Maria Koppitsch aus Österreich sagte auf ihrem ersten Besuch des *Weinsalon Natürel* 2016, dies sei die erste Weinmesse, auf der ihr Standnachbar mit ihr gesprochen habe. Sie wolle nie wieder zurück zu den normalen Veranstaltungen, wo vor allem Konkurrenz herrsche, um den Mitbewerber auszustechen. Viele Naturweinmessen bieten Abendveranstaltungen an, bei denen Gäste und Winzer an einem Tisch sitzen, meist ein sehr gutes, ehrliches Essen zu sich nehmen und die direkte Begegnung ohne Verkaufsstand dazwischen genießen. Sie heißen »Repas des vignerons«, »winemakers' dinner« oder »Lecker Abend«, die anschließenden Partys bilden Messehöhepunkte. Manche Weingüter habe ich dort entdeckt. Auf der Tanzfläche wird weit nach Mitternacht eine Flasche aufgemacht, man hat noch sein Glas dabei, es wird eingeschenkt, man probiert, trinkt, ist begeistert, die Flasche verschwindet in der Menge. Also sucht man den zugehörigen Menschen und erfährt, von wem der Wein ist – eine neue Entdeckung!

» Naturwein ist … die zweitschönste Sache der Welt «

– Andreas / Zuehlke

HANDEL UND GASTRONOMIE

Naturwein in Handel und Gastronomie in Deutschland zu finden, ist heute einfacher als vor zehn Jahren. Für dieses Buch habe ich eine aktuelle Liste der Händler*innen und Gastronom*innen in Deutschland erstellt, die sich dem Thema widmen (siehe Seiten 184–187) – ohne Anspruch auf Vollständigkeit. Die Anzahl derer, die sich dafür interessieren, diese Weine verkaufen oder ausschenken, ist in den vergangenen zwei Jahren explosionsartig gestiegen, 2021 bestand allerdings noch keine Flächendeckung.

In der Gastronomie existieren verschiedene Strategien. Das Restaurant *Tanica* in Köln beispielsweise hat Naturweine auf der Karte, ohne dies dazuzuschreiben. Sommelier Mathieu Müller begründet das so: »Wieso? Ist doch Wein. Die Weine auf meiner Karte sind meine Empfehlungen, weil es für mich gute Weine sind, egal, ob vin naturel oder nicht.« Andere werben mit einem oder zwei Naturweinen auf der Karte, weil es modern ist. Nur wenige Bars und Restaurants führen ausschließlich Naturweine.

International findet man sie auf den Weinkarten der besten Restaurants der Welt. Vor allem die Skandinavier haben sie für ihre Küche entdeckt. Auch in Deutschland empfehlen die unterschiedlichsten Restaurants Naturweine zu ihren Rezepten.

Welcher Wein zu welcher Speise? Für die nächsten Seiten habe ich ein paar Rezepte mit Empfehlungen gesammelt.

ESSERS KRAUTFLECKERL »TANTE JOLESCH«

Das *Essers Gasthaus* in Köln ist eine Institution. Bei Iris Giessauf (Wein) und Andreas Esser (Küche) findet man eine gute Mischung aus österreichischer Gemütlichkeit und kölschem Frohsinn (siehe auch Seite 186).

Für 2–3 Personen

500 g Weißkohl
1 Zwiebel
1 TL Zucker
50 g Butter oder Pflanzenöl zum Braten
1 EL Kümmelsamen
Salz
frisch gemahlener schwarzer Pfeffer
150 g Fleckerlnudeln (alternativ Bandnudeln)
50 g Speck
2 EL Sauerrahm
2 EL fein gehackte Petersilie (optional)

Für das Kraut den Weißkohl waschen, fein schneiden, 3–4 Minuten blanchieren und in ein Sieb abgießen. Die Zwiebel in feine Würfel schneiden. Die Butter bzw. das Öl in einer großen Pfanne auf mittlerer Stufe erhitzen. Die Zwiebelwürfel zusammen mit dem Zucker im Fett goldbraun anschwitzen. Den Weißkohl und die Kümmelsamen zugeben, mit Salz und Pfeffer abschmecken und garen, bis das Kraut weich ist.

Für die Fleckerlnudeln Wasser in einem großen Topf zum Kochen bringen, Salz hineingeben und die Fleckerlnudeln nach Packungsanweisung darin kochen. In ein Sieb abgießen und unter das Kraut in der Pfanne mischen. Bei 180 °C Ober-/Unterhitze im vorgeheizten Backofen auf mittlerer Schiene 5–10 Minuten ziehen lassen. Den Speck in Würfel schneiden und auf mittlerer Stufe in einer Pfanne auslassen. Zusammen mit dem Sauerrahm unter die Kraut-Nudel-Mischung rühren.

Zum Anrichten die Krautfleckerl optional mit der Petersilie garnieren und heiß servieren.

Weinempfehlung:

Die Blanca vom Weingut Polder Rosenberg aus dem steirischen Vulkanland ist eine Cuvee aus Souvignier gris, Bronner, Grüner Veltliner, Grauburgunder. Die würzigen und dezent floralen Noten passen perfekt zur leichten Kümmelaromatik der Krautfleckerl. Die elegante Dichte und engmaschige Struktur gehen Hand in Hand mit diesem durch Schmand cremigen Nudel-Speck-Kraut-Wohlfühlessen.

Gerichte mit geschmortem Kohl als solche sind meiner Meinung nach oft spannende Begleiter zu maischevergorenen Aromasorten.

NOBELHART & SCHMUTZIG: KNOLLENSELLERIE IN HOLZÖL VON DER SCHWARZEN JOHANNISBEERE

Billy Wagner war einer der ersten Sommeliers in Deutschland, die sich für Naturweine interessierten. In seinem Restaurant in Berlin führt er mit Micha Schäfer eine puristische Lebensmittelphilosophie und die passenden Weine dazu (siehe auch Seite 185).

für 4 Personen

1 Handvoll frisches Holz von der Schwarzen Johannisbeere, kleingeschnitten

1 l hochwertiges Rapsöl (z. B. vom Fläminger Genussland) plus etwas mehr zum Einreiben der Sellerieknolle

1 Sellerieknolle (z. B. von der Domäne Dahlem)

Salz (z. B. von der Saline Luisenhall)

50 g Crème double (z. B. vom Erdhof Seewalde)

Für das Schwarzer-Johannisbeerstrauch-Öl am Vorabend der Zubereitung des Knollenselleries das Holz mit 1 l Rapsöl bedecken und über Nacht bei 70 °C Ober-/Unterhitze im Ofen erwärmen.

Am darauffolgenden Tag die Sellerieknolle im Ganzen sauber schrubben, mit etwas Rapsöl einreiben und gut salzen. Bei 180 °C Ober-/Unterhitze für 1 Stunde und anschließend bei 210 °C Ober-/Unterhitze für 15 Minuten im Ofen garen.

Zum Anrichten den Sellerie aus dem Ofen nehmen und achteln. Dann mit dem Öl marinieren und salzen. Jeweils 1 TL von der Crème double zu einem Stück Sellerie geben und schnell servieren.

TIPP: Alternativ gibt es das Öl auch im restauranteigenen Shop (siehe auch Seite 185).

Weinempfehlung: La Vigne du Clou 2018, Vin de Table von der Domaine Alexandre Jouveaux, Uchizy, Burgund, Maconnais, Frankreich

Der gebackene Sellerie kommt durch das lange Garen im Ofen sehr konzentriert, fast nussig daher, dazu passt Chardonnay mit seinen nussigen Aromen bestens. Der geheime Star des Gerichts ist allerdings das Öl vom Schwarzen Johannisbeerstrauch mit seinem subtilen ätherischen Duft und feinen Fruchtaroma. Die ungeschminkte Frucht des »La Vigne du Clou« aus dem warmen Jahrgang 2018 unterstützt das Öl hervorragend. Gleichzeitig hat Alexandres Chardonnay die gewisse Spannung und Säure, um die Crème double zu durchschneiden und alle Geschmäcker am Gaumen zu öffnen. Prost!

HEINRICH SEIN ENKEL & VIN PUR: 2 QUICHES – 2 FÜLLUNGEN

Torben Bunte ist seit der ersten Stunde dabei. 2010 schnupperte er in ein Glas Naturwein in Köln. Da war ihm klar, er hatte das fehlende Puzzleteil zu seinem Gesamtkonzept »ehrliche Küche, ehrliche Produkte« gefunden. 2014 hat er seinen Traum in Bielefeld verwirklicht (siehe auch Seite 187).

Für 4 Personen

Mürbteig für 1 Quiche:

100 g kalte Butter, plus mehr für die Form

200 g Weizenmehl Type 405 (alternativ Type 550) in Bio-Qualität

1 Prise Salz

Guss für 1 Quiche:

300 g Sahnequark (alternativ Doppelrahmfrischkäse oder Crème fraîche)

250 g süße Sahne

2 Eier

Salz

frisch gemahlener schwarzer Pfeffer

Füllung I – Lauch und Bleu d'Auvergne:

2–3 Stangen Lauch (je nach Größe)

Butter

150 g Bleu d´Auvergne oder anderer Blauschimmelkäse

Weißwein

Salz

frisch gemahlener schwarzer Pfeffer

Füllung II – Palmkohl und Pilze:

1 Schalotte

1 Knoblauchzehe

4–5 Blätter Palmkohl

150–200 g Steinpilze (alternativ Maronen oder andere Speisepilze)

Butter

75 g Gruyère, gerieben

75 g Munsterkäse, gewürfelt

Weißwein

Salz

frisch gemahlener schwarzer Pfeffer

Für den Mürbteig die Butter in kleine Stücke würfeln und mit dem Mehl zerbröseln. 50 ml kaltes Wasser dazugeben und alles zu einem glatten Teig verkneten. Eine Kugel formen und mindestens 60 Minuten im Kühlschrank ruhen lassen.

Eine Tarteform mit Butter einfetten, den Teig ausrollen und in die Form legen.

Für den Guss alle Zutaten in einer Schüssel mit dem Schneebesen verrühren.

Den Ofen auf 180 °C Ober-/Unterhitze vorheizen.

Für Füllung I die Lauchstangen der Länge nach halbieren, gut waschen und trockentupfen. Dann in feine Streifen schneiden. Einen Klecks Butter in einer Pfanne zerlassen und den Lauch darin anschwitzen. Mit einem Schuss Weißwein ablöschen und einreduzieren lassen. Den Käse in die Pfanne bröseln und unter Rühren schmelzen lassen. Mit Salz und Pfeffer abschmecken. Die Pfanne vom Herd nehmen, die Lauch-Käse-Mischung mit dem Guss vermengen und auf den Teigboden in der Tarteform verteilen. Auf der mittleren Schiene etwa 35 Minuten im Ofen backen.

Die Quiche aus dem Ofen nehmen, auf einem Rost etwas abkühlen lassen und nach Belieben mit einem Blattsalat servieren.

Für Füllung II die Schalotte und die Knoblauchzehe abziehen und fein würfeln. Die Palmkohlblätter waschen, trockentupfen und in Streifen schneiden. Die Pilze vorsichtig abbürsten oder mit etwas Küchenpapier abreiben und in Scheiben schneiden. Einen Klecks Butter in einer Pfanne zerlassen. Zunächst die Schalotten- und Knoblauchwürfel darin anschwitzen, dann die Pilze und den Palmkohl dazu geben und ein paar Minuten dünsten. Mit einem Schuss Weißwein ablöschen und diesen einreduzieren lassen. Den Gruyèrekäse reiben und den Munsterkäse in Würfel schneiden. Beide Käsesorten mit in die Pfanne geben und unter Rühren schmelzen lassen. Mit Salz und Pfeffer würzen. Die Pfanne vom Herd nehmen, die Gemüse-Käse-Mischung mit dem Guss vermengen und auf den Teigboden in der Tarteform verteilen. Auf der mittleren Schiene etwa 35 Minuten im Ofen backen.

Die Quiche aus dem Ofen nehmen, auf einem Rost etwas abkühlen lassen und nach Belieben mit einem Blattsalat servieren.

Weinempfehlung: Bergkloster – Riesling 2018 / Rheinhessen

Jasons Riesling bringt für den Lauch eine schöne Mineralik mit und unterstützt den Bleu d´Auvergne mit seiner Fruchtigkeit. Außerdem hat der Wein einen sehr schönen Trinkfluss und macht einfach viel Spaß.

Weinempfehlung: Piri Naturel – Silvaner 2018 / Nahe

Piris maischevergorener Silvaner bringt genügen Fülle und Opulenz für die doch sehr deftige Kombination aus Kohl, Wildpilzen und Bergkäse mit. Zugleich hat der Wein eine schönes Rückgrat aus Säure und Tanninen, die dem ganzen Feuerwerk an Aromen eine gute Basis geben. Ein Wein zum Reinlegen.

BISTRO FATAL: SAUCISSES DE MONTBÉLIARD & SALADE DE LENTILLES VERTES

GERÄUCHERTE WÜRSTE MIT LINSENSALAT

Ein Rezept von Louisa Petit, der Oma von Alexandre Bourgueil. Mit seiner Frau Sarah betreibt er seit 2016 das *Bistro Fatal* in Düsseldorf. Das Bistronomie-Konzept beinhaltet traditionelle französische Gerichte, zugänglich und ohne chichi (siehe auch Seite 186). Die Saucisse de Montbéliard hat ihren Ursprung im 1. Jahrhundert v. Chr. in der Franche-Comté im Osten Frankreichs. Diese gepökelte Wurst, die ausschließlich aus Schweinefleisch besteht, hat 2013 ein IGP-Siegel erhalten. Sie wird mit Pfeffer und Kreuzkümmel aromatisiert und im Naturdarm langsam auf Nadelholz geräuchert. Dies sorgt für würzige Räuchernoten und eine feste und zugleich saftige Konsistenz.

Für 4 Personen

Saucisses de Montbéliard:

2 Saucisses de Montbéliard
1 Prise grobes Salz
2 Knoblauchzehen
2 Lorbeerblätter
2 Zweige Thymian

Linsensalat:

500 g Puy-Linsen
1 Prise grobes Salz
½ Stange Lauch (nur den weißen Teil)
1 Karotte
1 Stk. Knollensellerie (ca. 100 g)
Olivenöl
Butter
2 Zweige Thymian
2 Lorbeerblätter
2 Knoblauchzehen
1 TL Tomatenmark
100 ml Weißwein
500 ml Hühnerbrühe (alternativ Gemüsebrühe)
2 Schalotten
6 Zweige glatte Petersilie
Sherry-Essig
grober Dijonsenf
Salz
frisch gemahlener schwarzer Pfeffer

Sauce:

1 Scheibe Entenleber-Terrine
Piment d'Espelette

Für die Saucisses de Montbéliard die Würste in einem Topf mit kaltem Wasser bedecken, 1 Prise grobes Salz hinzufügen. Die beiden Knoblauchzehen ungeschält mit dem Rücken eines Messers leicht zerdrücken und zusammen mit den Lorbeerblättern, den Thymianzweigen und einem Schuss Olivenöl in den Topf geben. Langsam auf mittlerer Stufe erhitzen, kurz vor dem Aufkochen die Temperatur reduzieren und die Wurst ca. 15 Minuten sieden lassen.

Für den Linsensalat die Linsen in ein Sieb geben und mit kaltem Wasser sorgfältig abspülen. In einen Topf geben, mit kaltem Wasser bedecken, 1 Prise grobes Salz hinzugeben und die Linsen zum Kochen bringen. Sobald das Wasser aufgekocht hat, die blanchierten Linsen wieder in ein Sieb abgießen, mit kaltem Wasser abspülen und beiseitestellen.

Den Lauch längs halbieren, waschen und trockentupfen. Die Karotte und den Sellerie waschen, schälen und in feine Würfel schneiden. Einen Stieltopf erwärmen, einen Schuss Olivenöl sowie einen Klecks Butter darin leicht aufschäumen lassen. Zunächst den Lauch hinzugeben und etwa 30 Sekunden andünsten. Die restlichen Gemüsewürfel zusammen mit den beiden restlichen Thymianzweigen und Lorbeerblättern hinzugeben. Die beiden Knoblauchzehen abziehen, von ihrem Keim befreien, fein hacken, ebenfalls zum Gemüse geben und mitdünsten. Das Tomatenmark unterrühren und kurz anrösten. Die Linsen dazugeben und alles mit dem Weißwein ablöschen. Leicht einreduzieren lassen und die Brühe angießen. Aufkochen und sanft weiterköcheln lassen, bis die Linsen gar, aber noch bissfest sind. In eine grosszügige Schale geben, um das Abkühlen zu beschleunigen.

Die Schalotten schälen und in feine Würfel schneiden. Die Petersilie waschen, trockentupfen und fein hacken. Beides zu den Linsen geben, mit etwas Sherry-Essig, dem Dijon Senf, Salz und Pfeffer abschmecken und beiseitestellen.

Für die Sauce 100 ml von dem Linsenfond zusammen mit 100 ml von dem Wurstfond in einem Topf aufkochen. Die Scheibe Entenleber-Terrine einrühren, abschmecken und beiseitestellen.

Den Linsensalat auf einen Teller geben, die Wurst in Scheiben schneiden und auf dem Linsensalat anrichten. Die Sauce mit einem Pürierstab aufmixen und das Gericht damit garnieren. Etwas Piment d'Espelette darüberstreuen – et voila!

Weinempfehlung: Chasse aux papillons 2020 von Jérôme Jouret aus der Ardèche

Die angenehme Säure unterstreicht die Rauchnote der Wurst. Die Frucht harmoniert mit den Linsen und unterstützt, ja, trägt den Fettgehalt der Speise.

Weinempfehlung: Barry 2020 von Ozil aus der Ardèche

Die markante Säure harmoniert fantastisch mit den sämigen Linsen und die Aromen der Sauerkirsche bilden einen schönen Gegenpol zur Sauce.

ORIGINE KIOSQUE: HACHIS PARMENTIER DE BOUDIN NOIR MIT MESCLUN-SALAT

In München eröffnete Wolfgang Panzer mit seiner Tochter Manina 2010 das erste Restaurant in Deutschland, das ausschließlich Naturwein auf seiner Weinkarte auflistete: das *M-Belleville.* Nina kochte, Wolfgang suchte die Weine aus. Das Restaurant ist geschlossen, weiter geht es mit dem Konzept im *Origine Kiosque* samt Weinhandlung (siehe auch Seite 185).

Für 4 Personen / 4 kleine Auflaufformen

1 große Sellerieknolle
700 g süße Sahne
2 Äpfel (gerne der Sorte Elstar)
100 g Butter
400 g Mesclun-Salat (spezielle Schnittsalatmischung)
1 TL Dijonsenf
2 EL Balsamico bianco
4 EL Olivenöl
Salz
frisch gemahlener schwarzer Pfeffer
500 g Boudin noir crèole (Blutwurst kreolische Art)
Panko-Paniermehl
150 g Speck zum Anrichten
2 Lauchzwiebeln zum Anrichten

Die Sellerieknolle schälen und in Stücke von ca. 2 cm Größe schneiden. Zusammen mit der süßen Sahne in einem Topf zum Kochen bringen und etwa 45 Minuten köcheln lassen, bis die Selleriestücke weich sind. In der Zwischenzeit die Äpfel schälen und in kleine Würfel schneiden. Etwa 80 g Butter auf mittlerer Stufe in einer Pfanne zerlassen. Die Apfelwürfel in der Butter goldbraun braten. Beiseitestellen und abkühlen lassen.

Den Salat waschen und trockentupfen.

Für die Vinaigrette den Dijonsenf, den Balsamicoessig, das Olivenöl, Salz und Pfeffer gut vermengen.

Den weich gekochten Sellerie zusammen mit der süßen Sahne mit dem Stabmixer pürieren und mit Salz abschmecken.

Den Ofen auf 220 °C Ober-/Unterhitze vorheizen. Die Boudin noir von der Haut befreien, nur die weiche Füllmasse wird verwendet.

Vier kleine Auflaufformen mit der verbliebenen Butter ausstreichen und danach schichtweise befüllen: Zunächst jeweils die Apfelstückchen einschichten, darüber etwa 120 g Boudin-noir-Füllmasse und schließlich das Selleriepüree bis zum oberen Rand der Form. Glattstreichen und mit dem Panko-Paniermehl bestreuen. Die Formen für 15 Minuten in den Ofen geben, bis das Panko-Paniermehl goldbraun ist.

Den Speck in dünne Streifen schneiden und auf mittlerer Stufe in einer weiteren Pfanne kross anbraten. Auf Küchenpapier geben und abkühlen lassen.

Die Lauchzwiebeln waschen und fein schneiden.

Zum Anrichten die Auflaufformen aus dem Ofen nehmen und mit den Lauchzwiebeln und dem kross gebratenen Speck garnieren. Den Mesclun-Salat mit der Vinaigrette mischen und zusammen mit den Aufläufen servieren.

Getränkebegleitung: La Poudre d'Escampette 2016, Alain Castex von »Les vins du Cabanon«, Banyuls, Frankreich

Nach welchem Wein verlangen die sanfte Schärfe und die ausgeprägten Gewürze der kreolischen Blutwurst (»Boudin créole« von den Antillen), gemischt mit der milden Süße des rahmcremigen Selleries und dem säuerlichen Apfelkaramell, getoppt mit knusprigem Speck? Da greift man zu einer Flasche »La Poudre d'Escampette« aus den steilen Hängen um Banyuls am Mittelmeer. Der wunderbare Rote von Trouillages alten Reben ist eine Cuvée aus Carignan, Mourvèdre und Grenache. Deftig und elegant zugleich. Die leichtfüßige Schwere verlangt nach angenehmer Kühle. Lebhafter, dynamischer Trinkfluss, in dem die Sonne des Südens aufblitzt, ein Hauch der aromatischen Kräuter des karg steinigen Bodens und die gnadenlose Dürre des Sommers. Ein Wein, geprägt von der starken Persönlichkeit des Alain Castex, der mit seinen wenigen Flaschen über die Jahre Generationen von Winzern geprägt und beeinflusst hat.

WIE TRINKT MAN IHN?

DER EINSTIEG

Ein sogenanntes Winepairing bietet sich nicht an. Welcher Wein zu welchem Gericht passt, hat erstmal nichts mit der Machart des Weines zu tun. Zu Naturwein kann – wie bei anderen Weinen auch – je nach Geschmack die eine oder andere Dramaturgie in der Auswahl der Gerichte passen. Allerdings lässt sich durch eine gut getroffene Kombination mit bestimmten Speisen die Neugierde wecken und der Zugang zu Naturwein erleichtern, vielleicht eher, als wenn man ihn pur kostet. Wer sich noch nicht so gut damit auskennt, kann zunächst in einem Lokal glasweise probieren. Was gefällt, kann man dann recherchieren. Vielleicht ist das Personal auch geschult und kann Auskunft über Rebsorten, Weingut und Schwefelung geben.

Im nächsten Schritt geht man vielleicht in einen Naturweinfachhandel und lässt sich beraten oder per Telefon oder Mail auf einen bestimmten Weg leiten. Da sehr viele Händler ihre Weine ausschließlich über Onlineshops anbieten, übertrumpfen sie sich teilweise mit den Beschreibungen. Ein Natur-Chardonnay schmeckt eben vielleicht nicht wie ein gewöhnlicher Chardonnay. Da werden dann Klassifizierungen in Freaknoten angeboten. Ich habe in meinem Online-Shop drei Stufen: die Brückenweine, den kleinen Ausflug und die Expedition. Es ist selbstverständlich, dass diese Beurteilung der Weine nach Geschmack von dem Menschen abhängt, der sie gemacht hat. Wenn man diese Person noch nicht kennt, sollte man mit der kleinsten Stufe anfangen. Das hat nichts mit Feigheit zu tun, sondern mit »Reintrinken«, also dem Betreten einer neuen Geschmackswelt, die nun mal am besten in kleinen Schritten passiert.

» Naturwein ist … Eine absolute Überraschung! So vielfältig im Geschmack und endlich gibt es Weine, die uneingeschränkt ohne Zusätze hergestellt werden und dabei nichts am Geschmackserlebnis einbüßen! «

– Astrid / FetteBeute Unverpackt

Als Brückenweine bezeichne ich daher solche, von denen ich mir vorstellen kann, sie einfach auf einer Party offen auf den Tisch zu stellen, ohne dass jemand fragt, ob es sich um etwas Besonderes handelt. Naturwein kann eben auch ganz normal nach Wein schmecken, wie man ihn schon kennt. Der kleine Ausflug ist schon etwas anders. Ein bis zwei Schritte weg vom herkömmlichen Weingeschmack, aber noch zugänglich, ein Funken an Neugierde reicht da schon aus. Und mit Expedition meine ich die Weine, von denen manche bei der Weinprobe sagen, es sei kein Wein, sondern vergorener Traubensaft. Stimmt, genau das ist Wein.

Meine Einteilung kann aber auch nach hinten losgehen und überhaupt nicht passen. So holte ich einmal einen für meinen Geschmack gängigen, gewöhnlichen Weißwein ins Sortiment der Brückenweine. Ein Top-Sommelier probierte und nannte ihn Freakstoff. Ich suchte dann nach der Steigerung von Freakstoff, fand sie nicht und erkannte, dass ich geschmacklich bereits in einer anderen Galaxie unterwegs bin, und mit mir immer mehr Menschen.

Die Weinprobe

Naturwein-Weinproben laufen je nach Veranstalter*in unterschiedlich ab. Bei mir sieht das zum Beispiel so aus: In einem kleinen Ladenlokal sitzen zwölf Gäste auf zwölf Stühlen, am Tisch stehe ich, darauf 13 Gläser und ein Korkenzieher. Ich eröffne mit einer kleinen Fragerunde.

Ich: Was trinkt ihr denn so an Weißwein?

G1 (Mann): Riesling.
G2 (Frau): Grauburgunder.
G3 (Mann): Riesling.
G4 (Mann): Riesling.
G5 (Frau): Grauburgunder.
G6 (Mann): Grauburgunder.
G7 (Frau): Pinot Grigio.

Zu 99 % – dann kommt vielleicht noch ein Chardonnay, ein Sauvignon blanc, eine Scheurebe – und Müller-Thurgau kennen auch manche, meistens trinken Frauen Grauburgunder und Männer Riesling. Klingt nach Klischee, oder?

G7: ist Rioja auch eine Rebsorte?

Ich: Jetzt geht es um die Definitionen – in Deutschland wird sehr oft reinsortig ausgebaut, also eine Rebsorte im Wein, daher steht sie auch meistens auf dem Etikett. In anderen Ländern wie Frankreich, Italien oder Spanien stehen eher Namen der Orte, Dörfer, Regionen auf den Flaschen.

G7: Ach so …

Ich gehe in den Keller und hole die erste Flasche Weißwein hoch, mache sie auf, schenke allen einen Schluck ein.

Ich: Mit dem ersten Weißwein im Glas spielen wir fiktiv die Herstellung durch – wir wollen jetzt Wein machen. Was brauchen wir dafür?

G4: Trauben.

Ich: Ja, die müssen wir erstmal anpflanzen bzw. wachsen lassen, wir sind also Bauern, Weinbauern. Hier schon der erste Unterschied zu vielen herkömmlichen Weinen: Wir arbeiten ohne synthetische Mittel auf dem Weinberg – vielleicht holen wir uns auch ein Label, ist aber nicht notwendig. Kostet ja auch Geld, so ein Label. Man kann also biologisch oder biodynamisch arbeiten, ohne dass je einer davon erfährt. Der Grund für diesen Anbau ist, dass wir trinkwassertauglichen Wein machen wollen, ohne Rückstände von synthetischen Mitteln. Jetzt entscheiden wir – die Trauben sind reif, so wie wir sie haben wollen (hier schon diese Frage, was wollen wir eigentlich für einen Wein machen?) oder der Wetterbericht zwingt uns zu sagen, rein in den Keller, bevor die Trauben wegen zu viel Regen oder anderen Witterungseinflüssen verfaulen. Das machen wir per Handlese – wir sortieren Trauben aus, die wir nicht im Keller haben wollen, die vielleicht Sonnenbrand oder andere unschöne Dinge erlebt haben. Also keine Maschine – Handarbeit. Die Trauben sind im Keller, immer noch kein Wein. Was muss jetzt passieren?

G1: Mit den Füßen!

Diese Antwort kommt so gut wie immer – die Hälfte der Gäste ekelt sich dann …

Ich: Wenn wir in Westeuropa oder Übersee Weißwein machen wollen, dann pressen wir die Trauben direkt – da kommt pappensüßer Traubensaft raus – immer noch kein Wein. Was muss jetzt passieren? Was brauchen wir?

G1: Er muss vergären.
G2: Wir brauchen Zeit.
G3: Hefen!

Ich: Wir fahren nicht zum Raiffeisenmarkt und kaufen uns Reinzuchthefen. Außen auf den Trauben sind von Natur aus Hefen – wir haben also schon welche im Keller und vergären deshalb spontan auf den natürlichen Hefen. Also den Saft in einen Gärbehälter, Gärstopfen drauf und abwarten. Welcher Behälter das ist, ist erstmal egal. Der eine schwört auf Edelstahl, weil neutral, die andere auf Holzfässer, und zwar ovale – so hat jeder Mensch, der Wein macht, seine eigenen Vorlieben. Besser oder schlechter finde ich da gar nichts, nur eben unterschiedlich. Die Hefen verwandeln den Zucker vom Traubensaft in Alkohol und Gas.

Meistens schüttle ich jetzt die Flasche, entgase sie, es schäumt vielleicht ein wenig und ploppt. In der Zwischenzeit haben alle ihr Glas etwas geschwenkt und probieren jetzt.

Ich: Für mich ist Genuss nicht nur, ob es jetzt nach Birne, Pfirsich oder was anderem schmeckt, sondern auch das Gefühl, das ich dabei im Mund habe. Mal zu spüren, ob ein Wein oben am Gaumen, zwischen den Zähnen, auf der Zunge, geradlinig mittig oder bis in den Backen hängt, kratzt er, ist er weich – gefällt mir das? Merkt euch das Gefühl, jeder das seine, alle können unterschiedlich sein – damit wir in der zweiten Runde vergleichen können.

G1: Was heißt eigentlich trocken?

Jetzt geht vielen ein Licht auf, und so gut wie jeder versteht jetzt, dass die kleine Abkürzung RZ Restzucker heißt.

G2: Heißt das dann, dass ein halbtrockener Wein weniger Alkohol hat, als ein trockener?

Ich: Ja – wenn man aus ein und derselben Traubencharge vom selben Lesetag einen halbtrockenen und einen trockenen Wein machen würde, müsste man ja die Hefen in ihrer Arbeit stoppen. Das passiert meistens mit Schwefelzugabe – den haben wir übrigens auch nicht reingetan. Hefen können in bestimmten Fällen auch ihren Job einfach an den Nagel hängen, ohne den ganzen Zucker verwandelt zu haben. Ihr alle habt schon mal einen Hefeteig gemacht und wisst, die Bedingungen – zum Beispiel die Temperatur – müssen stimmen, damit Hefen gut arbeiten.

Wir waren nicht so oft einkaufen, beim Winzerzubehör, wir haben keine Filter gekauft, keine Hefen, keine Schönungsmittel, wir haben nicht entsäuert oder besäuert, wir haben keine Zusatzstoffe oder Hilfsmittel besorgt, um unseren Traubensaft zu Wein werden zu lassen. Im Naturweinbereich ist eine kleine Dosis Schwefel (SO_2) nach der Vergärung erlaubt. Manche sprechen von 20–30 mg/l, manche Weinmessen erlauben bis zu 70 mg/l. Da es noch keine Definition und Richtlinie gibt, sind wir auf die Ehrlichkeit der Menschen, die den Wein gemacht haben oder die ihn verkaufen, angewiesen. Manche schwefeln auch noch während der Vergärung oder sogar beim Pressen. Das ist für mich eine Grenze. Da rede ich dann nicht mehr von naturbelassenem Wein. Wenn

der Mensch sich einmischt und den Wein zwingt, in eine bestimmte Richtung zu gehen, gibt es bestimmt viele Gründe dafür, dann will ich das aber auch wissen und meistens führe ich diese Weine dann nicht, weil sie eben nicht mehr meiner Definition entsprechen.

Ich hole den zweiten Weißwein aus dem Keller und schenke ein.

G1: Der ist ja ganz anders!

Ich: Ja – Naturwein ist keine Geschmacksrichtung, sondern nur eine andere Machart. Und wie im herkömmlichen Weinbereich ist die Vielzahl der unterschiedlichen Geschmäcker da und sogar noch größer, weil eben alles unformatiert ist. Wir kommen zum Rotwein – was trinkt ihr da gerne?

G1: Merlot.
G2 (Frau): Gar keinen, ich werde immer so müde.
G3 (Frau): Der ist immer so schwer.
G4 (Frau): Gar keinen, oder wenn, dann süßen.
G5 (Mann): Bordeaux.
G6 (Frau): Der ist mir zu trocken im Mund.

Ich: Moment mal – trocken heißt doch was ganz anderes. Du meinst das raue Gefühl im Mund. Das sind die Tannine, die Gerbstoffe.

Sonst geht es natürlich von Spätburgunder bis zu den Favoriten aus dem Urlaubsland. Wenige haben ein bestimmtes Weingut, zu dem sie regelmäßig fahren.

Ich hole je nach Ergebnis der Fragerunde den ersten Rotwein hoch.

Ich: Jetzt wollen wir Rotwein machen. Wenn wir in unserer Projektgruppe jetzt einen einzigen Rotwein machen wollen, der allen schmecken soll, wird es schwierig. Unsere Geschmäcker gehen ja schon in dieser kleinen Runde sehr weit auseinander. Der Unterschied liegt jetzt nicht nur in der Farbe der Traube, sondern in dem, was wir mit ihr machen, wenn sie in den Keller kommt. Wenn wir sie direkt pressen würden und die Traubenhaut nicht sehr stark färbt, bekämen wir einen sogenannten Blanc de Noir. Wir pressen aber jetzt nicht direkt, sondern maischen – wir matschen die Trauben ein. Ob wir

den Strunk entfernen – also entrappen oder nicht – Hauptsache, die Traubenhäute baden im entstehenden Saft. Mazeration, Maischegärung: Auf bzw. in den Traubenhäuten sind die Farbstoffe, Bitterstoffe, die Tannine und anderen Stoffe, die dann mit in den Saft gehen. Wie viel wir davon haben wollen, entscheiden wir selbst, je nach Wunschwein. Sobald wir für unseren Geschmack genug extrahiert haben, pressen wir auch wieder ab und lassen den schon gärenden Saft weiter gären. Das ist jetzt eine sehr kurz gehaltene Beschreibung. Was dabei klar wird: Wir müssen uns andauernd entscheiden, was wir wie mit den Trauben und dem Saft machen. Je nach Entscheidung wird der Wein so oder so schmecken. Ihr versteht hoffentlich, dass es also nicht nur um die Rebsorte geht, wenn man sich etwas über Wein merken will. Wie schmeckt er euch denn?

G1: Der schmeckt nach vergorenem Traubensaft.
G2: Ich habe überall diesen Pelz im Mund.
G3: Der ist ja kalt!
G4: Der riecht muffig!

Ich: Und was machst Du, wenn Du in einen Raum kommst, in dem es muffig riecht?

G4: Ich lüfte!

Ich: Na denn, wir lüften mal den Wein. Wir schwenken das Glas. Ich bin vor Jahren mit dem Kölner Motto »wat soll der Quatsch« an das Thema Wein rangegangen. Kritisches Befragen. Warum und wann muss ich einen Rotwein lüften, was ist die richtige Temperatur? Ich habe angefangen, mit den Weinen zu spielen, das machen wir jetzt auch. Merkt euch vor allem das Gefühl, das ihr im Mund habt. Ich karaffiere jetzt den Wein für die zweite Runde, und dann sehen wir mal, wie er sich verhält. Wir spielen dann auch mit der Temperatur.

Wir probieren dann noch einen weiteren Rotwein, machen eine kleine Pause mit etwas Brot und starten dann in die zweite Runde.

Ich schenke den ersten Weißwein wieder ein, er stand da, einmal geschüttelt, offen, seit etwa einer Stunde.

G1: Der ist ja ganz anders, so vollmundig.

G2: Und fast süß jetzt.

Ich: Du weißt schon, dass da kein Zucker reingekommen ist. Könnten wir auch sagen, er ist weniger sauer?

G2: Ja genau. Man schmeckt jetzt viel mehr.

Ich: Die Kohlensäure, das Gärgas, das vorher drin war, ist jetzt weg. Die Schranke ist jetzt offen, die Aromen zeigen sich. Ob es euch jetzt besser schmeckt, könnt ihr selbst entscheiden. Kohlensäure kann in jungen Naturweinen noch als Bremse für die Aromen eine Rolle spielen. Die Weine sind unfiltriert, das Gärgas ist also mit in die Flasche gekommen. Es ist auf der einen Seite ein wunderbarer Schutz gegen Oxidation, andererseits kann es wie eine Aromaschranke wirken.

Auch der zweite Weißwein zeigt mehr Geschmack, mehr Aromen, ist weicher geworden. Manche Gäste mochten ihn lieber mit seiner Säurekante in der ersten Runde.

Ich: Wein kann sich mit etwas Luft entfalten. Diese Zeit können wir ihm schon auch geben, jetzt wo wir wissen, welche Arbeit in der Weinherstellung steckt. Naturweine sind im Gegensatz zu »herkömmlichen« Weinen lebendiger. Sie reagieren viel schneller und intensiver auf Sauerstoff, das liegt an dem geringen Schwefelgehalt. Ein Wein kann einen einlullen, streicheln, einen verdammt ehrlichen Spiegel vorhalten, einem eine Hand auf den Rücken legen und still begleiten. Es ist ein wenig so wie mit guten Freunden. Was braucht man gerade? In welcher Gesellschaft möchte man sein? Welche Stimmung könnte ein Wein unterstützen? Stellt euch gerne diese Frage, bevor ihr ihn als schlecht bezeichnet.

Wir kommen zu dem karaffierten Rotwein.

G1: Der riecht ja jetzt fruchtig.
G2: Jetzt kann ich ihn trinken, ist ganz weich geworden.
G3: Der Pelz ist nicht mehr so rau am Gaumen.

Ich: Das passiert also mit Wein, wenn Luft drankommt. Die Tannine binden sich in den Geschmack ein, verschmelzen. Jetzt machen wir diesen Wein auch noch etwas wärmer. Schwenkt das Glas wie ein Cognacschwenker und gebt dem Schluck eure 37 °C. Ein Wein kann auf einmal anders schmecken, wenn er 3 °C wärmer ist. Das mit dem Karaffieren hat ja auch nur etwas mit unserer Ungeduld zu tun. Wenn der Genussmoment schnell kommen soll, dann lohnt sich eine Karaffe. Man kann auch einfach einen offenen Wein mal über 3-4 Tage immer wieder probieren. Er könnte einem eine schöne Geschichte erzählen. Wenn einem ein Wein mal nicht schmeckt, kann auch der Augenblick beleuchtet werden. Vielleicht war es nicht der richtige Moment, um ihn zu trinken. Grundsätzlich heißt es ja nicht, dass jeder Wein einem irgendwann schmeckt, aber man kann aus jedem Wein noch etwas rauskitzeln. Ein Wein muss nicht direkt nach dem Öffnen »funktionieren«. Es ist immer einen Versuch wert, mit Luft und Temperatur zu spielen – bevor man ihn zum Kochen verwendet.

G1: Jetzt wird er immer voller und schwerer.
G2: Jetzt ist er mir zu rotweinig.

Ich: Im Allgemeinen heißt es ja, man trinke Weißwein kalt und Rotwein bei Zimmertemperatur. Wenn es euch anders besser schmeckt, dann trinkt es eben anders. Probiert es aus.

Allen Gastronom*innen sei gesagt: Zimmertemperatur heißt für Rotwein 16 bis 18 °C und wenn man in einer Gastronomie die Rotweinflaschen hinter der Theke stehen hat, dann darf man sich nicht wundern, dass im Sommer kein Rotwein läuft, weil man schon Weihnachtsmarkt spielt und das ganze Jahr über eigentlich Glühwein ausschenkt.

Wir probieren noch den zweiten Rotwein und merken auch hier Unterschiede. Vielleicht kleinere.

Ich: So, das waren die zwei Runden, jetzt kommt die dritte, die inoffizielle Runde, die heißt »Austrinken«. Schenkt euch gerne selbst noch was nach.

Oft nehmen sich Gäste noch einen Schluck von dem Wein, mit dem sie am wenigsten anfangen konnten. Die Neugierde ist geweckt. Alle fühlen sich bestärkt und ermutigt, ihren eigenen Geschmack neu zu entdecken und mit Wein anders umzugehen.

17 APRIL | WEINVERKOSTUNG
mit Surk-ki Schrade
aus Köln
von der
La vincaillerie
NATURWEINE
Werkzeuge für den Geschmack:
Temperatur
Luft
Zeit
3 Tage ~ Minimum haltbar
Einfluss auf den Geschmack des Weins
low intervention Weine
Handwerk
Trauben werden biologisch bzw. biodynamisch hergestellt
KEINE SYNTHETISCHEN MITTEL AUF DEM WEINGUT!
Genuss entfaltet sich auch über das Gefühl am Gaumen
+ Geschmack + Geruch
1. BENZINGER
Riesling 2018
floral fruchtig
ENTGASEN der Gärkohlensäure
Wein im Dekanter schütteln, um Kohlensäure zu entfernen
Hand Lese
ca. 8 Leute, 1½ Tag für 1t
ungeschwefelt + unfiltriert
2. Gismondi
Cerreto
Orangewein
rauchig, muffig
bisschen bitter
Amalfizitrone
10,5%
wenn man davon was trinkt, braucht man danach ein Bier
lag einige Tage auf der Maische
Bitterstoffe durch Schalenkontakt
Malvasia di Candia
Allrounder
WEBWEINSTUBE
TERROIR
authentischer Wein
Klima, Boden, Traube, Menschen...
Weißwein: Saft vergärt ohne Kontakt zur Haut/Schale
Hefen: ZUCKER ⇒ ALKOHOL
bei Naturweinen wird der Zucker komplett vergoren
(Schwefel als Antibakterium, um Hefen abzutöten
→ Gärprozess wird gestoppt)
3. La Reboule 2019
„Entendant"
les deux Terres
Diese Farbe!! wie eine wilde Himbeere
Merlot + Grenache
Ardèche
kann man gut trinken
4. 2017 Natalie
POUR commencer
Grenache + Syrah
was parfümiertes Weihrauch?
Chanel N°5
Applerol
Tannenwald + unterstes Laub
verwelkte Hyazinthe
Urban winery
Marseilles
Wein lüften, wenn man keine Karaffe hat
„den muss man etwas lüften, wenn man ihn nicht kantig möchte"
(wird weicher)
Lagerung von Naturweinen
so kühl und dunkel wie möglich
Bei Kork liegend
Willkommen zur
2. RUNDE
① „durch die Kühle kommt die Säure"
weicher, hat Säure verloren
zu warm, hat Mineralität verloren
„je wärmer, desto weniger Säure"
„Weißwein muss nicht zwingend kalt sein"
② Holzleim, erdig, sanfter
Spritziges ist weg
③ was vorweihnachtliches
Lebkuchen, Kirsche
④ Shiraz
(Blut, Eisen, Erdung)
Grenache
(Frucht)
Sitzwein + Essensbegleitwein
Die Weine haben sich verändert
wir haben uns auch verändert
in den letzten 3 Stunden
GROSSE BANDBREITE AN GESCHMÄCKERN

DIE ETIKETTEN

Was auf der Flasche stehen muss, ist in Gesetzen festgeschrieben, die zum Schutz der Verbraucher*innen gemacht wurden. Die Begriffserklärungen finden sich unter anderem im Internet. Meistens ist ein Wort auf dem Etikett größer geschrieben als die anderen, so nennen wir dann den Wein, zum Beispiel Riesling oder Grauburgunder, Bordeaux oder Rioja. Die ersten beiden sind Rebsorten, die letzten Anbaugebiete. Dass es in der sonst so vereinheitlichten EU dafür keine Norm gibt, liegt in der Natur der Sache. Neben den EU-Weingesetzen gelten noch Länderregelungen und dort wiederum regionale Verordnungen. Und es ist gut, dass nicht alles uniform ist.

Da der Begriff »Naturwein« noch nicht gesetzlich geregelt ist, findet man dazu auf den Etiketten kaum einen Hinweis. Es ist deshalb hilfreich, sich von Fachhänder*innen beraten zu lassen, die diese Weine vorwiegend vertreiben. Vereinzelt werden auch schon Naturweine in kleinen Bio-Supermärkten verkauft.

> » Naturwein ist … Handwerkskunst und Liebe zum Wein! «
>
> – Lucas und Anne / Wineonthebench

Wenn man das Etikett genauer anschaut, kann man Naturwein manchmal daran erkennen, dass bei der Schwefelangabe, die als Allergen ab zehn Milligramm pro Liter erwähnt werden muss, der Zusatz »natürlicher Schwefel« oder »nicht zugesetzt« auftaucht. (siehe auch Seite 7). Den Jahrgang kann man vielleicht in der Losnummer, also der Chargennummer, erkennen. Wenn auf dem Etikett zum Beispiel »Lot:2019/15/04/20« steht, heißt das: Der Wein ist aus der Lese im Jahrgang 2019 und wurde am 14. April 2020 abgefüllt. Ein Aufdruck auf dem Korken trägt auch oft den Jahrgang. Dessen Bedeutung ist für Naturweine nicht unerheblich, da sie von Jahr zu Jahr sehr unterschiedlich schmecken können. Manchmal sind in den Losnummern auch die Rebsorten versteckt. »Lot:2015CSGA« ist möglicherweise eine Cuvée von 2015 mit Cabernet Sauvignon und Gamay. Es lohnt sich also bei Naturweinen, die Etiketten sehr genau zu lesen. Von keiner Information bis zur ausführlichen chemischen Analyse, jedes Weingut entscheidet selbst, welche Informationen auf dem Etikett stehen, auch dafür gibt es noch keine festgeschriebenen Regelungen.

Viele Naturweingüter haben kein Biolabel und dürfen den Begriff »Bio« entsprechend auch nicht auf dem Etikett benutzen, selbst wenn sie biologisch anbauen. Stehen aber ein Biolabel und zudem Angaben wie »biologisch angebaut«, »selektive Handlese«, »keine Schönung«, »spontan vergoren«, »Holzfass« oder »Edelstahl«, »keine Filtration«, »kein Schwefelzusatz«, »viel Liebe«, … drauf, dann darf man dieser Aussage glauben und sich auf einen Naturwein freuen, ohne eine*n Fachhändler*in fragen zu müssen.

Solange Wein nicht als Lebensmittel ausgewiesen wird, bleibt es schwierig. 2021 wurde in Brüssel darüber diskutiert und angestrebt, Weinetiketten auch mit den Zusatz- und den Nährstoffen zu versehen. Der Winzer und Vorsitzende des VDP Steffen Christmann berichtete mir von den Hindernissen: Die Liste sei bei vielen Weingütern so lang, dass man einen Faltzettel bräuchte. Ihn kümmere das nicht, er schwefele nur, was seit 2006 auf dem Etikett zu lesen ist. Auch die Naturwinzer*innen dürfte das nicht stören. Ob dieses Gesetz durchgeht, ist zu Druckbeginn dieses Buches fraglich. Wenn ja, dann wäre dies ein Meilenstein hin zu mehr Transparenz.

> » Naturwein ist … ein lebendiger Wein, der überrascht, und berührt; er ist offen, ehrlich, er schenkt uns Freude, geschmackliches Abenteuer und macht Mut zu persönlichen Entdeckungsreisen. «
>
> – Claudia / Origine Kiosque

Grundsätzlich meinen viele Kund*innen und vor allem junge Winzer*innen, die mit Naturwein anfangen wollen, die Etiketten müssten ein bestimmtes Design haben. Nun sehen sie sicher oft anders aus als die konventionellen. Das Etikett allein macht aber auch beim Naturwein nicht den Inhalt. Wie in der gesamten Weinwelt sind keine Regeln festgeschrieben, sodass es von allem etwas gibt. Die traditionelleren Winzer bleiben gerne bei den traditionellen Etiketten und machen trotzdem Naturwein. Sich also von Design, Label, Branding blenden zu lassen, verengt die Sichtweise. Gerade die älteren Winzer haben oft mehr Erfahrung mit den vergorenen Traubensäften gesammelt, müssen nicht mehr unbedingt hip und designt auftreten und krampfhaft anders sein, sie machen einfach ihr Ding, das gilt für die Etiketten wie für den Wein.

10,5% Vol
75 cl ℮
MISCELA
Lammidia®
Vino Rosato 100% uva e basta
Prodotto e Imbottigliato da Az. Agr. Lammidia ss
Villa Celiera (PE) - Abruzzo - Italia | lammidia.it
PRODOTTO IN ITALIA | L. mix/20
non contiene solfiti aggiunti

zwei Zimmer, Küche…
Barth

Gräfin
MUSTER
WEINGUT MARIA & SEPP MUSTER

Hubert Lay
2020
4 260595 310496
CHARDONNAY
TROCKEN · S
von Hand gelesen
ohne Zusatz von schwefliger Säure · unfiltriert
DE-Öko-039 · Ökowein
Deutsche Landwirtschaft
Scherkhofenstr. 52 · Tel. 07668/1870
Deutscher Wein · L Nr. 05 21 · RZ 0,6 g/l
VEGAN
ECOVIN
Erzeugerabfüllung
13,5 %vol
WEINGUT HUBERT LAY · D-79241 Ihringen
0,75 l

ALSACE
Appellation Alsace Contrôlée
Bergweingarten
2018
sec
PIERRE FRICK
Pur Vin
sans sulfite ajouté
non filtré
Produce of France - Mis en bouteille au domaine
ALC. 13 % BY VOL
F-68250 PFAFFENHEIM
750 ML
03 89 49 62 99 - www.pierrefrick.com
Sucre résiduel 0,7 g/l
VIN BIOLOGIQUE
FR - BIO - 01
AGRICULTURE FRANCE
demeter

Weißburgunder
PIRI NATUREL

FIZZY GLOW GLOW 2020
ABFÜLLER: WEINGUT BAUMBERGER D-55595 MANDEL L-NR 02001
PRODUCE OF GERMANY ENTHÄLT SULFITE CONTAINS SULPHITES
0,75 L 11,0 % VOL DEUTSCHER PERLWEIN UNFILTRIERT

HUMİDE GAÎTÉ

BUM BUM CHA...

MA
NA
QHIMMEL
GRAUBURGUNDER

BENZINGER
SANS
SYLVANER 20
VON VOLKER & INGE BENZINGER
WEIN, WIE WIR IHN SCHON IMMER MACHEN WOLLTEN.
UND WIE WIR IHN SELBST AM LIEBSTEN TRINKEN.
HIER WURDE ALLES VON HAND GEMACHT.
WEINGUT BENZINGER · KIRCHHEIM/PFALZ
HANDGELESEN · SPONTANVERGOREN · UNFILTRIERT

Fragen über Fragen

WIE SCHMECKT NATURWEIN? Gegenfrage: Wie schmeckt Wein? Naturwein ist keine Geschmacksrichtung, sondern eine andere Machart, die die Geschmacksmöglichkeiten weiter auffächert als im herkömmlichen Bereich. Das liegt vor allem an der Spontangärung auf den eigenen Hefen. Naturwein muss nicht anders schmecken, kann aber. Naturwein muss auch nicht trüb sein, kann aber. Naturwein muss nichts, kann alles.

EINE VIERTE WEINFARBE? Eines der größten Missverständnisse betrifft den Orangewine. Orangewine ist kein Naturwein. Naturwein ist kein Orangewine. Richtig ist: Naturwein kann Orangewine sein. Orangewine kann Naturwein sein. Beide Begriffe sind unterschiedlich definiert, können ineinandergreifen, müssen es aber nicht. Auch das französische »vin naturel« ist nicht die Übersetzung von Orangewine.

Schon der Name verwirrt, da nicht alle maischevergorenen Weine orangefarben sein müssen. Auch müssen sie weder oxidiert noch trüb sein. Was alle maischevergorenen im Unterschied zu direkt gepressten Weißweinen vorweisen, ist eine mehr oder weniger ausgeprägte Tanninstruktur infolge der Maischestandzeit. Trinken kann man diese Weine eher wie Rotwein, vielleicht etwas kühler. Lüften hilft auch hier zum Abrunden der Tannine, falls notwendig. Orange bezeichnet nun mal die vierte, noch recht unbekannte Weinfarbe.

Mein Tipp für Orangewine-Neulinge: Weinflasche aufmachen, Glas einschenken, probieren und sich erstmal fragen, ob einem das GETRÄNK schmeckt, und erst dann an den WEIN denken – in dieser Reihenfolge umgeht man Erwartungen der Sinne, wenn Weißburgunder draufsteht und es eben nicht nach herkömmlichem Weißburgunder schmeckt.

VERSCHWINDET DAS TERROIR? Wodurch zeichnet sich Terroir wirklich aus? Bei vielen Weinfachleuten herrscht teilweise Verwirrung, weil das Bekannte, das Erlernte in Naturweinen manchmal nicht wiederzufinden ist. Das Wissens- und Geschmacksprofil wurde mit herkömmlich hergestellten Weinen der letzten 50 Jahre geschult. Mit einem reinen vergorenen Traubensaft konfrontiert, hörte ich schon mal Sprüche wie »ich muss neu schmecken lernen«. Das Erlernte kann erweitert werden. Beim Thema Orangewine muss regelrecht eine neue Schublade für neue Geschmäcker aufgemacht werden. Einen maischevergorenen Riesling von der Mosel mit einem »normalen« vergleichen zu wollen ist schwierig. Alleine durch diese andere Machart verändert sich bereits die komplette Struktur des Weines und kann nicht mehr mit einem direkt gepressten Weißwein verglichen werden. Ein Wiedererkennungseffekt ist also erstmal unwahrscheinlich.

> » Naturwein ist … eine spannende Schnittstelle zum Verständnis von Natur und Kultur. «
>
> – Julia und Etienne / JAJA Berlin

Erst wenn mehr Weintrinker*innen mehr Übung mit maischevergorenen Weinen haben, können wir einen Nenner für Rebsorten und Böden finden. Aber auch das wird schwierig, denn Maischegärung ist kein festgezurrtes Werkzeug. Es macht einen großen Unterschied, ob die Beeren vier, fünf Tage oder sechs Monate im Saft liegen. Genau wie in der Rotweinherstellung bietet Orange an sich keine Orientierung für einen bestimmten Geschmack, sondern bringt eine Vielfalt an möglichen Nuancen mit sich, je nach Ausbau eben.

WAS SIND WEINFEHLER? Naturwein sei ein Wein voller Fehler, hört man immer wieder. Keiner davon ist gesundheitsschädlich. Durch den Verzicht auf Schwefelzugabe können manchmal verschiedene Töne im Wein vorhanden sein, die man so vielleicht nicht kennt. Sie werden in der normalen Weinwelt als Fehler deklariert und verurteilt. In der Naturweinwelt werden sie als Tatsache benannt, ja als Fehler, mit denen man aber oft umgehen kann, mit Zeit und Geduld.

ESSIGSTICH: Jeder Wein hat einen Anteil an flüchtiger Säure durch die Vergärung. Wenn diese Menge jedoch zu hoch ist, empfindet man einen Essigstich. Interessanterweise verhält sich die Menge an flüchtiger Säure je nach Alkoholgehalt etwas anders. Die gesetzliche Höchstmenge darf daher nur bei Weinen mit einem höheren Alkoholgehalt als 13 Volumenprozent überschritten werden. Schließlich will man Wein trinken und keinen Essig. Die Wahrnehmungen von und Empfindlichkeiten auf Essigsäure sind unterschiedlich ausgeprägt. Die eine wird den Wein mit zu viel flüchtiger Säure mögen, der andere wird ihn nicht trinken können. Wer solche Weine anbietet, sollte diese und die Kundschaft sehr gut kennen, damit keiner etwas in den falschen Hals bekommt.

MÄUSELTON: Auch wenn der sogenannte Mäuselton schon in Weinbüchern von 1924 als Fehler auftaucht, bleibt er rätselhaft. Unter Sauerstoffzufuhr findet zuweilen eine bakterielle Entwicklung statt, die dem Wein eine Note von gerösteten Erdnüssen, Gänseleberpastete oder eben Mäusekötteln verleiht. Kein Hersteller beabsichtigt dies. Viele Weintrinker*innen stören sich jedoch nicht daran, manche Weinhändler*innen sprechen fälschlicherweise vom typischen Naturweingeschmack. Denn diese Nuance ist keineswegs absichtlich, also erst recht kein Muss im Naturwein. Önologen sagen noch immer, dagegen würde ausschließlich Schwefel helfen. Zeit als Werkzeug funktioniert aber auch. Im Ergebnis regen Austauschs mit Winzer*innen und Händler*innen kristallisiert sich schon fast eine Formel heraus: Wenn »die Maus« direkt nach dem Öffnen der Flasche zu schmecken ist, sollten weitere Bestände dieses Weins für mindestens drei Monate an einem Ort mit starken Temperaturschwankungen lagern. Kommt der Mäuselton nach einer Stunde oder später, etwa am nächsten Tag, zum Vorschein, dann empfiehlt sich die Lagerung für mindestens ein Jahr.

REDUKTION: Reduktiv ist das Gegenteil von oxidativ (siehe auch Seite 45). Wenn ein Wein im Laufe seiner Herstellung mit keinem oder wenig Sauerstoff in Kontakt gekommen ist, ist er beim Öffnen erstmal verschlossen, reduktiv. Wie viel Sauerstoff ein Wein braucht und wie er sich dann im Geschmack entfaltet, ist je nach Stil eine Entscheidung der Weinmacher*innen. Wie man den Wein dann trinkt, gelüftet oder nicht, entscheidet man natürlich selbst.

OXIDATION: Genauso wie ein aufgeschnittener Apfel nach ein paar Stunden braun wird, verhält es sich mit Wein, wenn er keinen Schutz vor Sauerstoff hat. Schwefel ist nicht nur ein Antibakterium, sondern auch ein Antioxidans – das Hauptargument für das Schwefeln von Weinen. Ein Winzer sagte mir mal, alle Naturweine seien oxidiert. Zu benennen, was man als oxidiert empfindet und was nicht, stellt hier die Schwierigkeit dar. Ein Wein, der in der Herstellung viel Kontakt zu Sauerstoff hatte, muss nicht oxidiert schmecken. Einen durchoxidierten Wein würde man Sherry nennen. Eine gewisse Sherry-Note in gealterten Rotweinen möchten deren Liebhaber nicht missen.

BRETTANOMYCES: Das sind Hefen, die kurz auch »Brett« genannt werden. Sie geben dem Wein den berüchtigten Stallgeruch. Das kann man mögen oder nicht. Wenn ein Naturwein nach dem Öffnen stinken sollte, nach Pferdeschweiß oder nassem Putzlappen, hilft Lüften. Man nennt dies eine **Reduktion,** diese verflüchtigt sich bei Sauerstoffkontakt. Erfahrungsgemäß verschwindet auch dieser »Duft« mit längerer Lagerung.

WAS BEDEUTET LEBENDIGER WEIN? WANN TRINKEN? Naturwein ist, wie jeder andere Wein auch, ausschließlich und wenn überhaupt mit dem Entstehungsdatum, dem Jahrgang der Ernte, versehen. Wann wir ihn trinken, ist uns überlassen. Wir selbst bestimmen sozusagen über den guten Wein(moment). Dabei spielt Zeit eine große Rolle. Wie schnell wollen wir genießen? Wie viel Geduld bringen wir mit?

Viele normale Weine werden schon sehr jung getrunken. Das liegt in der Logik von Cash-flow: Einmal abgefüllt, müssen sie auch bald verkauft werden. So landen sie oft viel zu früh am Gaumen der Genießer*innen. Ein guter Wein entwickelt sich über die Zeit in der Flasche. Ungeschwefelter, unfiltrierter Wein ist sensibler und kann verschiedene Phasen durchleben, sowohl in der geschlossenen Flasche als auch offen im Glas.

> » Naturwein ist … pur, ehrlich, lebendig und ein Winzer-Kunstwerk. «
>
> – Valentine / Bar Rix

Da ist es an Zwischenstationen wie Gastronom*innen und Weinhändler*innen, die richtigen Augenblicke abzupassen, wann ein Naturwein in welcher Art getrunken werden kann. Das Herangehen hängt zudem stark von den jeweiligen Vorkenntnissen und Erwartungen ab.

KANN MAN NATURWEIN LAGERN? Genauso wie man es mit sogenannten großen Weinen macht, kann man auch Naturwein unter den richtigen Bedingungen lagern, also für länger als ein Jahr in den Keller legen. Empfohlen werden zur Lagerung 10 bis 14 °C und eine Luftfeuchtigkeit von 60 bis 70 %. Aus Erfahrung kann ich sagen, dass selbst über zehn Jahre alte Naturweine noch jung und frisch sein können.

Eine Studie aus Frankreich untersuchte einmal ungeschwefelte und geschwefelte Weine auf ihre Lebensdauer. Die geschwefelten hielten in den ersten zehn Jahren gut mit. Danach brachen sie eher zusammen als die ungeschwefelten. Ihnen fehlte das Innenleben. Das ist jedoch keine allgemeingültige Regel. Egal, um welchen Wein es sich handelt: Um herauszufinden, ob er noch gut ist, muss man die Flasche öffnen und ihn probieren. Viele Händler*innen achten schon beim Transport der Naturweine per Spedition darauf, dass diese nicht im Lkw aufkochen können. Sie beauftragen daher Kühltransporte oder verzichten auf eine Lieferung in der heißen Jahreszeit. Auch Lieferungen aus Online-Shops werden manchmal an heißen Sommertagen hinausgezögert, damit die Flaschen nicht in überhitzten Transportlagern das Wochenende verbringen.

WARUM IST NATURWEIN MANCHMAL WIE EIN FRIZZANTE? Da Naturweine nicht gefiltert werden, können sie noch Gärkohlensäure in sich tragen. Wen dieses Frizzante-Prickeln stört, kann die Flasche entgasen, also schütteln wie eine Sprudelflasche.

WAS TUN BEI HISTAMINUNVERTRÄGLICHKEIT? Histamin ist ein biogenes Amin, das durch Vergärung entsteht und in Naturweinen genauso vorhanden ist wie in herkömmlichen Weinen. Je nachdem wie ausgeprägt eine Intoleranz ist, klappt es mit dem Wein oder auch nicht. Grundsätzlich gilt ja in diesem Fall, mit Vergorenem, Fermentiertem vorsichtig umzugehen. Auf manchen Weinseiten ist zu lesen, Naturwein sei generell gefährlich für die Gesundheit wegen der enthaltenen Histamine. Ein guter Berater, Biochemiker, Önologe und Winzer aus Frankreich versicherte mir, man müsste so viel Wein trinken, dass man mindestens fünf Alkoholvergiftungen hätte, bevor die Histamine Schaden anrichten könnten – vorausgesetzt, man leidet nicht unter einer Histamin-Unverträglichkeit.

IST DER ALKOHOLGEHALT IN NATURWEINEN GERINGER? Der Alkoholgehalt hängt vom Zeitpunkt der Lese ab. Je mehr Zucker in der reifen Traube ist, desto mehr potenzieller Alkohol entsteht, wenn der Wein durchgärt. Der Alkoholgehalt hat also etwas mit dem Klima und den Entscheidungen der Winzer*in über das Lesedatum zu tun.

KANN MAN MIT ALLEN REBSORTEN NATURWEIN MACHEN? Ja. Das zeigt die Vielfalt der Länder, wo auch aus autochtonen, also ortsansässigen Rebsorten, Naturwein entsteht.

WIE SCHNELL MUSS NATURWEIN GETRUNKEN WERDEN? Wie schnell eine Naturweinflasche ausgetrunken werden sollte, hängt davon ab, wo sie mit welcher Empfehlung gekauft wurde. Manche Weinhandlungen haben sich einen Qualitätsstandard gesetzt und kennen ihre Weine so gut, dass sie auf diese Frage eine Antwort haben. Zumindest können sie sagen, wie sich der Wein entwickelt. Dabei ist der Griff an die eigene Nase der wichtigste: Was soll der Wein denn können? Muss er überhaupt eine Erwartung erfüllen oder kann er wie ein gutes Buch über mehrere Kapitel unterschiedliche Stimmungen in ein und derselben Geschichte erzählen? Die meisten Naturweine kann man über mehrere Tage genießen. Je mehr Sauerstoff herankommt, desto mehr lüften sich die Aromen. Irgendwann ist aber auch bei ihnen die Show vorbei und der Vorhang fällt. Dann schmeckt der Wein nur noch flach. Weinpumpen, die den Sauerstoff aus den Flaschen ziehen, können auch bei Naturwein eingesetzt werden, dadurch verlängert man ein wenig die Aromenshow. Manche sehr junge Naturweine können schon nach einer Stunde ihre Farbe ändern, oxidieren und anders schmecken. Bei vielen Menschen, die Wein mit Freunden teilen ist das kein Problem, da die Flasche nach einer Stunde sowieso schon leer ist.

IST ER VEGAN? Zur Klärung von Wein sind unter anderem tierische Hilfsstoffe wie Eiklar, Fischhausenblase (Fischleim) und Gelatine erlaubt. Diese binden den Trub und werden dann mit anderen Stoffen wieder entnommen oder setzen sich ab. Sie sind also im Endprodukt nicht mehr nachzuweisen. Da bei der Naturweinherstellung keine Klärung stattfindet, ist er in diesem Sinne vegan. Weine mit einem Vegan-Label sind aber nicht unbedingt Naturweine, da es auch pflanzliche Produkte wie Erbsenproteine gibt, mit denen man Wein klären kann. Nicht vegan an Naturwein ist die Tatsache, dass immer mehr Weingüter die Weinbergsarbeit mit Hilfe von Tieren machen. Ein Pferd ist leichter als ein Traktor und verdichtet die Erde weniger. Das wäre ein Grund, kein Vegan-Label zu bekommen. Vegan hat übrigens nichts mit biologischem Anbau zu tun.

WAS IST DENN SCHLECHT AN DEN ZUSATZSTOFFEN? Nichts, wir würzen ja auch unser Essen. Schlecht ist nur, wenn man nicht weiß, ob und welche drin sind. Das ist wie bei Fertigprodukten und Selbstgekochtem. Erstere müssen lange haltbar bleiben und enthalten daher Stoffe, die man bei frischer Zubereitung des gleichen Gerichtes sehr wahrscheinlich nicht verwendet. Wer hat schon die Antioxidatien E224, Hefeextrakte oder Zuckerkulör im Gewürzregal? Die Zutat für Wein ist eine gesunde Traube, mehr braucht es nicht.

UND SCHWEFEL? Jeder Wein hat einen natürlichen Anteil Schwefel, der durch die Vergärung entsteht. Seine Menge kann schon mal bei 50 Milligramm pro Liter liegen, auch wenn kein Schwefel zugesetzt wurde. Es gibt bis jetzt noch keine chemische Analyse, die den Unterschied zwischen natürlichem und zugesetztem Schwefel feststellen kann, daher haben viele ungeschwefelte Weine trotzdem den Vermerk »enthält Sulfite« auf dem Etikett, auch weil Analysewerte um bis zu zehn Milligramm schwanken können, je nachdem, wie das Laborgerät geeicht ist. Schwefel tötet ungewollte Fehltöne ab. Wenn auf einer Weinflasche »Schwefelfrei« steht, heißt dass nur, dass der Gesamtschwefelgehalt unter 11 mg/l liegt. Schwefel wird von Wein absorbiert, verarbeitet. Die Schwefelmenge kann sich also über die Jahre verändern.

WAS IST MIT DEM KATER? Empirisch beobachtet erzählen sehr viele Naturweintrinker*innen, dass sie keinen Kater mehr haben. In verschiedenen Büchern liest man, Schwefel sei dafür nicht verantwortlich, den Kater würden andere Stoffe machen. Im Buch *Naturwein* von Isabelle Legeron wird es wissenschaftlich erklärt. Mit einfachen Worten: Schwefel ist in vielen Lebensmitteln enthalten, die aber keine Kopfschmerzen verursachen. In Kombination mit Alkohol allerdings erschwert Schwefel dessen Abbau im Blut, daher kann der Kater kommen. Mein Körper reagiert beispielsweise schon auf 20 Milligramm pro Liter, was bedeutet, dass ich selbst von manchen Naturweinen ein »Brett vorm Kopf« habe.

Interessant ist die große japanische Natural Wine Community. Japaner*innen vertragen Naturweine besser als andere Weine. Ihnen fehlt ein wichtiges Enzym zum Alkoholabbau. Aber das wird jetzt zu medizinisch. Im Verkauf von Wein darf man nicht mit den Begriffen »bekömmlich« oder »gesund« werben, da Alkohol immer noch ein Gift ist. Mein Rat: einfach ausprobieren, jeder Körper reagiert anders auf bestimmte Stoffe. In zwölf Jahren habe ich nur drei Menschen getroffen, die mehr Kopfschmerzen von Naturwein bekommen haben. Es gibt eben immer Ausnahmen. Kater oder Kopfschmerzen können auch durch Dehydrierung entstehen. Alkohol, wie auch Kaffee, entzieht dem Körper Wasser. Zu viel Alkohol kann auch die Ursache sein. Wenn man mit der Menge übertreibt, gilt das auch für Naturwein.

Welche Auswirkungen Sulfite außerdem im Organismus haben, hat Prof. Laura di Renzo, Molekularbiologin an der Universität Tor Vergata in Rom, erforscht, die Isabelle Legeron in ihrem Buch erwähnt. Im Internetauftritt des Biorestaurants *Più Gusto Bio* wird sie ausführlich zitiert: Sie wollte Forschungen durchführen, die auf der Konferenz des Sektors ›Bioweine und Weine ohne Schwefel‹ vorgestellt wurden. Aus ihnen ging hervor, dass Wein, italienisches und mediterranes Kulturerbe, schädlich wird, wenn er mit hohen Dosen von SO_2 vermischt wird.

In diesem Fall sind die für den Organismus verursachten Probleme wirklich besorgniserregend, darunter: sehr häufige Kopfschmerzen, Verdauungsprobleme, erhöhte Allergien, Schnupfen, Ekzeme, Nesselsucht, chronisch degenerative Erkrankungen, kardiovaskuläre Risiken, Osteoporose.

Laura di Renzo lädt nicht dazu ein, auf Wein zu verzichten, sondern sich auf höherwertige Produkte zu konzentrieren – eine nicht unerhebliche Investition zugunsten unserer Gesundheit, wobei sie sich auf Weine mit wenig Sulfiten und aus biologischem Anbau konzentriert. Diese weisen nicht nur eine geringe Menge an Chemikalien auf, sondern enthalten auch viel mehr Antioxidantien, verbessern die Leistung von Genen, kontrollieren die Entwicklung von oxidativem Stress, verringern das Risiko von Entzündungen und verbessern die Insulinresistenz. (Tutto sui solfiti!, übersetzt von Surk-ki Schrade / piugustobio.it)

» Naturwein ist … ohne Ideologie eine Menge Spaß im Glas … «

– Hendrik / Wein am Limit

IST NATURWEIN TEURER? Viele fragen sich, ob ein teurer Wein immer besser ist als ein billiger. Wonach richten sich die Preise? Warum gibt es so große Unterschiede? In der herkömmlichen Weinwelt herrscht unter anderem die Regel »Je rarer, desto teurer«. Das hat zunächst nichts mit Qualität zu tun, sondern mit dem Seltenheitswert.

An der Hochschule für Wein in Geisenheim wurde eine Studie über die Preisgestaltung gemacht. Demnach kostete eine Flasche Wein, die handwerklich in einem mittelgroßen Betrieb hergestellt wurde, etwa 6,38 Euro netto. Dieser Preis beinhaltete alle Arbeitsstunden, alle Werkzeuge und andere Gebrauchsgegenstände, alle zugekauften Produkte inklusive Reinigungsmittel und Etiketten, Kartons für die Verpackung und Marketingkosten. Hinzukommen normalerweise 30 % Gewinnmarge für das Weingut plus Mehrwertsteuer, damit wäre der Endverbraucherpreis 9,88 Euro.

Da in Deutschland im Durchschnitt um die 3 bis 4 Euro brutto für eine Flasche Wein ausgegeben werden, ist ersichtlich, dass kleinere Anbieter auf jeden Fall draufzahlen. Sie können nun mal nicht mit Großproduzenten mithalten. Dieses Thema betrifft die gesamte Lebensmittelindustrie gravierend. Ob es Milch- oder Eierpreise sind, kaum ein normaler landwirtschaftlicher Betrieb kann ohne Subventionen davon leben. Diese stellen somit eine versteckte Zuzahlung dar, finanziert aus Steuergeldern, damit Verbraucher das Gefühl haben, wenig für ein Produkt zu bezahlen.

Wenn es also darum geht, einen bestimmten Wirtschaftszweig aufrechtzuerhalten, wirken Verbraucher*innen in gewissem Maß daran mit. Je nachdem, was sie sich leisten können und wollen. Wenn die günstigeren Flaschen im Regal liegen bleiben würden, wäre das eine Antwort an die Großindustrie: Nein, danke! Kleine Landwirtschaftsbetriebe gilt es zu retten, nicht nur im Naturweinsektor.

Der Hamburger Weinhändler Hendrik Thoma führt in seinem Online-Magazin *Wein am Limit* ein noch krasseres Beispiel aus:

> Wenn ein Wein für € 2,99 im Laden steht, dann kann man davon erst einmal Folgendes abziehen: Die Mehrwertsteuer von 19 %, so dass noch € 2,51 übrigbleiben. Dann ist da natürlich die Marge, die wir im LEH

(Lebensmitteleinzelhandel) mit 35 % ansetzen. Somit stehen wir aktuell bei € 1,63. Die Kosten für das Füllen des Weines, des Transports, des Glases, der Etiketten und des Korkens sowie des Drehverschlusses liegen im Basissegment bei ca. € 1,30. Nehmen wir einmal einen Dumpingpreis von € 0,90, dann landen wir bei € 0,73. Da hat der Produzent allerdings noch keinen Gewinn gemacht. Es sind auch noch keine chemischen Zusätze, Hefen und Enzyme mit eingereicht, keine Arbeitslöhne für Kellereifachkräfte, keine Kosten für Vollerntemaschinen, keine Schmiermittel und kein Benzin. Der durchschnittliche Preis für eine Flasche Wein, die in Deutschland über die Ladentheke geht, liegt aber aktuell bei € 2,92 – pro Liter. Erfasst werden alle Weine, die über einen EAN-Code verfügen und gescannt werden.

Da mittlerweile rund 80 % des Weines in Deutschland über Diskounter und Supermärkte verkauft werden und auch viele Wein-Einzelhändler ihre Weine scannen, ist dies jedoch ein verlässliches Bild. Wenn der Inhalt einer Flasche inklusive Produktionskosten bei rund 70 Cent liegt, kann man sich denken, dass in die Erzeugung des Weines nicht viel menschliche Energie investiert wurde. Solche Weine können nur auf großen, weitgehend ebenen Flächen in trockenen Gebieten wie der La Mancha in Spanien, in Apulien oder auch – wir werden es bald merken – auf großen Flächen in China entstehen. Die Arbeit im Weinberg wird dort nur noch von Maschinen erledigt, ebenso die Ernte, die in große Weingüter gebracht wird, die in etwa so aussehen, wie man sich die Produktionsstandorte von Limonadenerzeugern vorstellt. Mögliche Probleme, die durch die technisierte Arbeit und die chemischen Gaben im Weinberg entstanden sind, sollen im Keller durch Technik und durch über hundert erlaubte Zusatzstoffe ausgeglichen werden. Das Ergebnis sind heutzutage technisch saubere, aber unserer Meinung nach völlig seelenlose Erzeugnisse, die den Titel Genussmittel keinesfalls verdienen. (Warum kostet ein Wein so viel, wie er kostet? / weinamlimit.de)

Weine à 2,99 Euro können trotzdem gut schmecken, keine Frage, von einem Naturprodukt kann aber keine Rede mehr sein, geschweige denn von romantischen Bildern von der Arbeit im Weinberg und Keller, sorry!

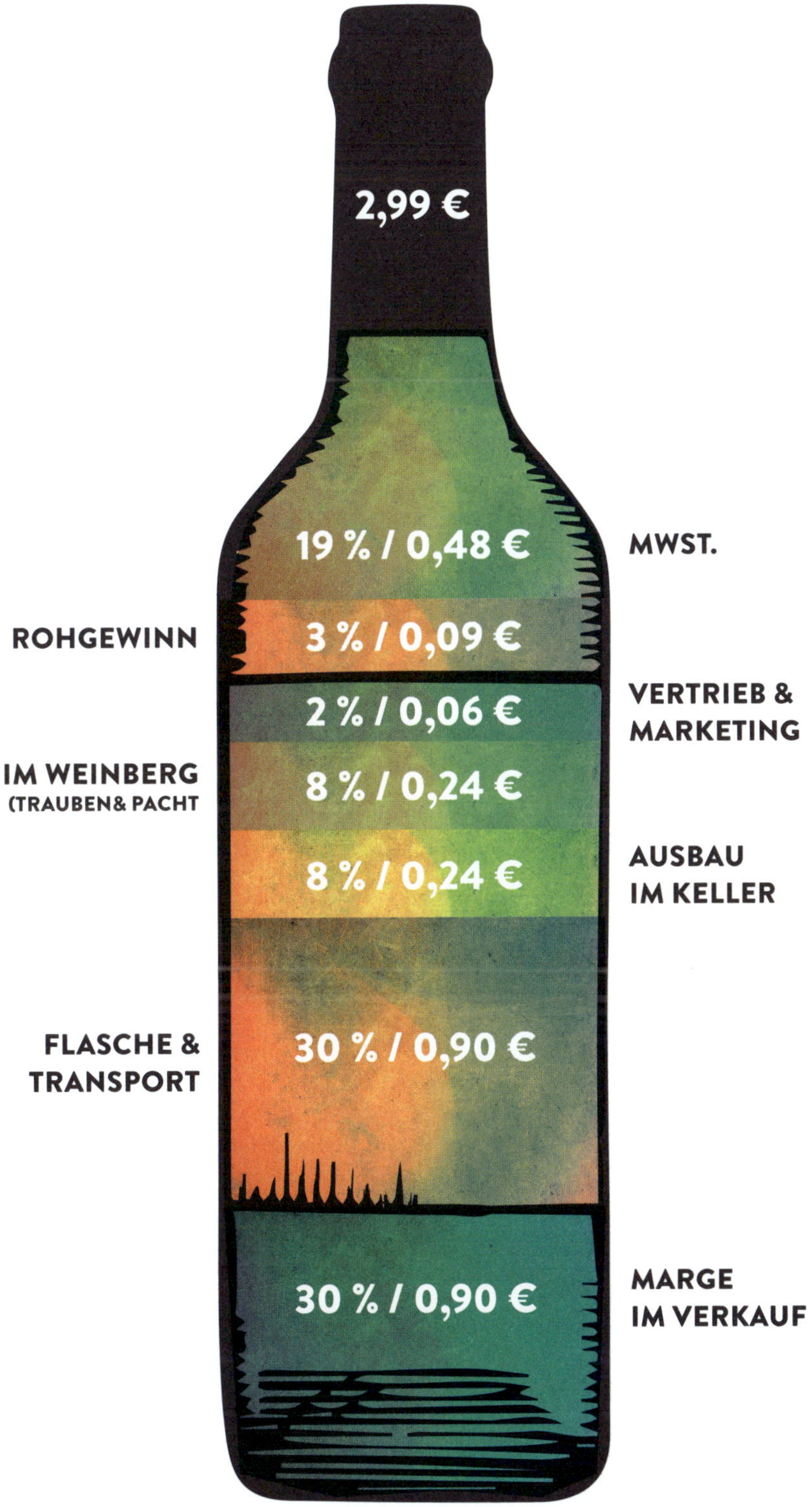
2,99 €
19 % / 0,48 €
MWST.
ROHGEWINN
3 % / 0,09 €
2 % / 0,06 €
VERTRIEB &
MARKETING
IM WEINBERG
(TRAUBEN& PACHT
8 % / 0,24 €
8 % / 0,24 €
AUSBAU
IM KELLER
FLASCHE &
TRANSPORT
30 % / 0,90 €
30 % / 0,90 €
MARGE
IM VERKAUF

Da wir es bei Naturwein mit eher kleineren Weingütern zu tun haben – die meisten bearbeiten zwischen 2 und 15 Hektar – ohne industrielle Produktionsmethoden, tendiert die Preisgestaltung eher in Richtung der Studie aus Geisenheim. So gibt es kaum Flaschen unter 10 Euro im Handel. Wenn man möchte, dass Weingüter davon leben können, kann man auch bei diesem Preis den Arbeitslohn nicht für fair halten. Ein Winzer verkauft mir Flaschen für rund 5 Euro netto. Auf die Frage, ob er damit reich wird, antwortet er: »Ich bin schon reich.« Es ist also oft eine Frage der Haltung.

Als in Deutschland Naturwein zum Trend wurde, gingen die Preise in die Höhe. Verständlich bei manchen Weingütern, die in der Produktion von Naturwein mehr Aufwand sahen, da sie noch »herkömmliche« Bioweine herstellten. Bei der Handlese zum Beispiel muss anders aussortiert werden, das dauert länger und kostet somit mehr Lohnstunden, besonders, wenn die Lesehelfer darin noch nicht so geübt sind.

Die Logik, ein Wein ohne Zusatzstoffe sollte doch günstiger sein, weil eben kein Geld für Mittel ausgegeben wurde, ist falsch. Der Arbeitsaufwand ist höher und die Preise gestalten sich so, dass sie für die Weingüter auch eine reale Zukunftsvision ermöglichen.

Im Vergleich zu französischen Weingütern, die seit 20 Jahren ausschließlich Naturwein herstellen, besteht preislich immer noch ein Unterschied. Aber auch dort wird alles teurer und die Preisspanne immer kleiner.

In Frankreich ist bereits das dritte Buch über Naturweine, die unter 15 Euro kosten, erschienen, der erste Glou Guide von Antonin Iommi-Amunategui und Jérémie Couston kam 2018 heraus. Er entfachte eine Preisdiskussion in der Szene. Muss Naturwein teurer sein als andere? Die Meinungen gehen bis heute auseinander und zeigen, dass auch diese Community weder Anführer noch festgeschriebene Regeln oder ein Preisschema hat. Jeder kann seine Preise so gestalten, wie er es für richtig hält. Alle haben bis jetzt ihre Kunden*innen gefunden, das nennt man freie Marktwirtschaft.

Wenn ein Winzer beispielsweise auf nur einem halben Hektar 5.000 Flaschen im Jahr produziert und diese für 25 Euro netto verkaufen kann, womit er sich sein klei-

nes bescheidenes Leben finanziert, dann kann man sich als Händler fragen, ob dieser Preis nicht fast eine karitative Note hat. Manche Winzer träumen davon, demokratischere Preise anbieten zu können, andere verzweifeln daran, dass sie sich ihre eigenen Weine selbst nicht leisten könnten. Die nächsten machen sich Gedanken, ob es in ihrem Sortiment einen hochpreisigen Wein geben sollte, damit eine wie auch immer geartete Wertigkeit ihren Ausdruck findet.

Als ein Grund für einen höheren Preis wird manchmal auch der Risikofaktor angegeben, dass die Vergärung in Essig kippen könnte. Dieses Argument lasse ich persönlich nicht gelten. Entweder entscheidet man sich für Naturwein und weiß, wie das geht, oder man lässt es bleiben. Der Preis darf meiner Meinung nach kein Angstpreis sein.

Den verschiedenen Weinhändlern*innen sieht man schon an der Lage an, welches Publikum sie haben. Ein Händler aus Berlin-Mitte sagte mir einmal, unter 20 Euro/ Flasche muss er keinen Wein anbieten, weil seine Kunden den nicht kaufen. In Köln-Ehrenfeld ist das Gegenteil der Fall. So finden alle Weine ihren Weg.

Rein praktische Argumente, warum ein Wein teurer als ein anderer sein kann, sind zum Beispiel längere Lagerzeiten am Weingut oder der Ertrag von alten Rebstöcken, die weniger Trauben tragen, obwohl die Weinbergsarbeit gleich bleibt.

EINE »BRUTALE« GESCHICHTE

Was als kleine Geschichte in Frankreich begonnen hatte, schwappte bald über die Landesgrenzen hinaus, machte Karriere und wurde von anderen ungefragt als Marketing-Werkzeug benutzt. Zehn Jahre später machten die Gründer des Labels »Brutal!« ihrem Ärger Luft. Sie schrieben einen Brief zur Veröffentlichung in den sozialen Medien:

»Winter, Anfang 2010, während einer belebten Verkostung im Keller von La Sorga (Sauferei für die Eingeweihten, wir spucken den guten Wein nicht aus!), konnten wir dieses katalanische Wort entdecken, das perfekt den Geist dessen definiert, was wir unter Naturwein verstehen: Brutal! Brutal! Brutal! Das war das Wort, das aus dem Gesprächtaumel hervortrat. Anto: ›Was meinst du damit, Laureano? Unschlagbar? Unaufhaltsam? Unfassbar?‹ Laureano: ›Nein! Es ist brutal, wenn man die Trrrrauben riecht, die Wurzeln!!!‹ Nach dieser langen und anstrengenden Arbeit im Keller ging es ins Restaurant. Während des Essens wurde die Idee eines gemeinsamen Etiketts ›Brutal!‹ geboren. Die Bedingungen, um Teil des Abenteuers zu sein, waren, die gesamte Produktion ohne jeglichen Input zu vinifizieren. Die Verteilung des Etiketts würde durch Kooptation erfolgen. Heute, im Jahr 2020, hat sich dieses Delirium der betrunkenen Freunde in ein Verkaufsargument für durchschnittliche oder sogar nichtnatürliche Weine verwandelt.

Angesichts dieser traurigen Tatsache haben wir beschlossen, die Wahrheit wiederherzustellen. Alles andere ist nur wie eine Fliege, die uns um die Ohren schwirrt, eine schöne Täuschung! Brutaler Kuss« (übersetzt von Surk-ki Schrade)

Das Brutal!-Startquintett setzte sich zusammen aus: Laureano Serres (Mendall, Spanien), Rémi Poujol (Le Temps fait tout, Frankreich), Joan Ramon Escoda (Celler Escoda-Sanahuja, Spanien), Antony Tortul (La Sorga, Frankreich), Axel Prüfer (Le Temps des Cerises, Frankreich). Es folgten: Pepe (Casa Pardet, Spanien), Antonio Vilchez (Naranjuez, Spanien), Jean-Louis Pinto (Es d'Aqui, Frankreich), Patrick Bouju (Domaine de la Bohème, Frankreich), Alice und Charles Octavin (Domaine Octavin, Frankreich), Babass (Les Vignes de Babass, Frankreich), Massimo (Partida Creus, Spanien), Gianmarco und Clémentine (Le Coste, Italien), Jo Jefferies (Domaine Bories Jefferies, Frankreich), Damien Bureau (Frankreich), Alain Casteix (Le Casot des Mailloles, Frankreich), Wim Wagemans (Le Bouc à trois Pattes, Frankreich), Norbert (Norbert Dutranoy, Frankreich).

Es hatte als reinster Ausdruck des Szenespirits begonnen: mit dem Teilen. Die Tatsache, dass verschiedene Flaschen von verschiedenen Weingütern unter demselben Label erschienen, stellte einen Affront gegen die Ego- und Konkurrenzmechanismen der normalen Weinwelt dar. Kein Weingut, kein Name im Vordergrund, allein der Wein sollte überzeugen. Auf den Rückenetiketten stand, von wem der Wein war. Das Wort »brutal« in Bezug auf Wein wurde dann in Facebook-Gruppen, als Hashtag und eben auch auf anderen Weinetiketten gebraucht, in den Augen der Erfinder missbraucht, da es zu Marketingzwecken und als Angeberei benutzt wurde. Warum sie sich das Label nicht hatten schützen lassen als Markenzeichen-Eintrag? Darüber lachten die Fünf nur, denn es war ja nie eine Marketingaktion, nie auf finanziellen Gewinn ausgerichtet gewesen. Viele Menschen verstehen nicht, dass man so »dumm« oder naiv sein kann, sich eine solche Gewinnchance entgehen zu lassen. Doch dieses Handeln spiegelt die Haltung mancher, nicht aller Naturwinzer*innen wider: Reichtum ist relativ.

KALA
PN + DF
80/ 20%
L:PNDF20
TOWN!

Naturwein – ein Blick in die Zukunft

Status Quo heute: Naturweine gibt es. Sie sind schwer zu finden, weil auf den Etiketten nichts oder kaum etwas vermerkt ist. Ein Weinkontrolleur sagte mir, ich solle die Kunden warnen, dass Naturwein ungefiltert und ungeschweflet ist. Es bräuchte kein Label, wenn andersherum alle Weine auf dem Etikett die Herstellung, die Zusätze und Hilfsmittel erwähnen müssten. Das ist bisher nicht der Fall. Braucht es also zur Unterscheidung und Kommunikation für die Verbraucher*innen ein Label für diese so freien Weine? Wird man sich auf eine Definition einigen können? Die erwähnten verschiedenen Verordnungen und Gesetze beweisen, dass Wein als solcher nicht in ein Schema F zu pressen ist. Die Vielseitigkeit dieses Getränkes ist für seine Liebhaber*innen ja gerade das Spannende. Regeln hier, Ausnahmen da, es herrscht ständige Veränderung. Wie soll man da den Durchblick behalten und sich orientieren, gerade wenn es um Naturwein geht bzw. um die Transparenz in der Machart?

Frankreich hat seit Mitte 2020 ein Label für Naturwein. Das Ziel ist, ein internationales Label zu werden, um Verbraucher*innen eine Orientierung zu geben zwischen den »echten«, »historischen« und den technischen, industriellen Naturweinen, die es geben wird. Viele Weingüter wollen aber noch nicht mal ein Biolabel haben, obwohl manche Demeter mehrfach verdient hätten. Warum sollten sie also ein Naturweinlabel nutzen, wenn sie ihre Weine auch so verkaufen können. Die Frage, ob man einer Vereinigung beitreten möchte oder nicht, sollte daher jedem*r selbst überlassen bleiben.

Catherine Vergé, Initiatorin des Vereins Les vins S.A.I.N.S. ist zum Beispiel strikt gegen den Zwang zum Biolabel für Naturweine. Der Unterschied, den es ausmacht, sei so groß, dass man sich nicht mit diesen Federn schmücken sollte, es wäre zu verwirrend für Verbraucher*innen (siehe auch Seite 42–43).

Vor 10 bis 15 Jahren bildete die Naturweinwelt eine Art »inner circle«, alle kannten einander. Man teilte und sprach von dem Spirit, der sich nun mal sehr von der herkömmlichen Wachstums- und konkurrenzorientierten Weinwelt unterschied. Einer von ihnen, schon lange dabei und nun Mitbegründer des französischen Labels, ist Gilles Azzoni aus der Ardèche.

Erzähl doch mal... Gilles Azzoni

Gilles, bevor Du mir von dem neuen Label erzählst, erzähl erstmal was von Dir!

Ich bin Winzer – in Rente seit 2017. Ich bin aus dem Pariser Arbeitermilieu und wollte mit 22 meine Gegend verlassen. Ich kam in die Ardèche, um Wein zu machen. Alle, auch Gérald Oustric (Domaine du Mazel), sagten mir damals, das klappt nicht. Hier wird Cooperativen Wein gemacht. Das war so 1983. Ich habe bis 1997 ohne Biolabel, aber mit Bio-Ansatz gearbeitet. Ich habe nie Insektizide gespritzt. Gérald hat mich dann zum Naturwein gebracht, und da waren auch noch andere. Ich hatte ja inzwischen ein Biolabel, und damit trifft man andere Menschen. Kollegen wie Robinot, Chaussard und Weinhändler aus Paris. Als ich dann mal einen Wein von Dard et Ribo im Glas hatte, wusste ich, sowas will ich auch machen. Ich war auch schon immer in irgendwelchen Vorständen von Vereinen oder Verbänden, habe immer irgendwo mitgemischt.

Und kannst Du mir bitte Deine eigene Definition von Naturwein geben?

Ja, wir haben ja gerade die Charta für das Label gemacht. Sie entspricht mir.

Im Anbau ohne synthetische Mittel, und für das Label verlangen wir auch ein Biozertifikat.

Die Handlese. Ich bin zwar sicher, dass das auch mit einem Vollernter gehen kann. Jetzt sprechen wir ja hier von eher kleineren Betrieben und da ist jede industrielle Maschine erstmal unnötig, weil auch teuer.

Die Gärung ist spontan auf den eigenen Hefen.

Während der Vergärung nichts rein und nichts raus. Keine Manipulationen mit technischen, synthetischen oder industriellen Mitteln.

Du brauchst nur eine Presse, einen Tank und eine Pumpe, um Wein zu machen – so einfach könnte man es runterbrechen.

Kannst Du Dich an Deine erste Weinmesse mit Naturwein erinnern?

Ja, das muss die *Dive* in 2002 gewesen sein. Dann *Les Divins Cochons* in 2004, dann kam *La Remise*. Wir waren ja damals wenige. Auf der *Dive* in 2002 waren vormittags die Kollegen aus der Loire mit 30 Weingütern und nachmittags kam der Rest von Frankreich auch so mit 30. Bis 2010 waren wir ja alle Pioniere. Die Welt und der Markt waren offen. Es kamen bald die Importeure aus Japan mit **Madame Goda** und aus den USA.

MADAME GODA: Yasuko Goda war damals Weinimporteurin für den Weinhandel Racine aus Tokyo. Durch ihr Interesse und ihre Einkäufe hat sie vielen Winzern Mut gemacht, mit Naturwein weiterzumachen. Sie hat auf ihre Art Wege geebnet und Möglichkeiten gezeigt.

2005 wurde von Carole Yahmi die AVN (Association des vins naturels) gegründet. Sie war keine Winzerin, kannte uns aber alle. Mit Marcel Lapierre aus dem Beaujolais als Motor fingen wir an. Er gehörte ja zu der ganzen Bande mit Chauvet und Overnoy (siehe auch Seite 74). So haben sich dann auch durch andere Weingüter in anderen Regionen Keimzellen gebildet, um Castex in Banyuls, um Gramenon an der Rhône oder Puzelat an der Loire.

Was war denn die Motivation dahinter, sich zusammenzuschließen?

Wir hatten eine große Sorge. Die EU hat damals den kleinen Muttchen, die seit Jahren ihren Käse gemacht haben, vorgeschrieben, alles gekachelt und hygienisch rein haben zu müssen, um auf einen EU-Standard zu kommen, oder sie mussten aufhören mit ihrem Käse. Wir dachten uns, wenn die uns zwingen unsere Keller zu fließen, bestimmte Schläuche kaufen zu müssen, alles aseptisch zu halten, dann gute Nacht. Wir waren ja schon auf einem alternativen Weg. Die Richtlinien der EU waren immer wieder gegen das Lebendige. Wir wollten uns dagegen stark machen, eine Lobby aufbauen. Naturwein verkaufte sich ja schon, wir kamen klar. Das was produziert wurde, wurde gekauft und getrunken. Die ausländischen Märkte wuchsen, neben Japan und den USA auch Großbritannien und Belgien. In der AVN waren wir am Anfang so 100 Weingüter mit der Bemühung nun eine festgeschriebene Definition für »vin naturel« zu verfassen. Um dann gegebenenfalls bei den Behörden und den Ämtern mit einer Stimme sprechen zu können. Wir haben uns allerdings dann 15 Jahre im Kreise gedreht. Welches Weingut nehmen wir auf? Welches nicht? Bei dem neuen

MORGON: eines der zehn Crus Anbaugebiete im Beaujolais, 1132 Hektar groß

Label ist es einfacher, da werden nur die Weine gelabelt, nicht die Weingüter.

Ging es denn auch um eine moralische Haltung der Weingüter? Um eine Philosophie?

Ja, es war schon der alternative – also andere Weg. Und schon unsere Etiketten waren für die herkömmliche Weinwelt oft ein Schlag ins Gesicht. Auch wenn die Kollegen Marcel Lapierre an seinem **Morgon** und Christian Binner an seinem Elsass festgehalten haben. Alle, die nicht in einer AOC waren, die brachen mit den Traditionen. Es war eine große Provokation. Man sprach dann schon von uns wegen der Etiketten. Die aus dem Beaujolais haben ja auch schon von Anfang an immer etwas Schwefel zugesetzt, sie haben für die noch ungeübten Verbraucher die Weine dadurch etwas angepasster gemacht. Bis zur AVN war die Definition von Naturwein sehr konfus. Etwas Schwefel hier, eine Filtration da – was heißt das und wo setzt man da die Grenze? Die AVN hat es dann festgeschrieben – der gesamte Schwefelgehalt soll nicht höher als 30 mg/l für die Rotweine und 40 mg/l für die Weißweine sein.

Was war dann der Auslöser, jetzt das Syndicat pour la défense du vin naturel zu gründen?

Es gab den Fall von Sébastien David, der über 2000 Flaschen von einem seiner Weine zerstören musste, weil eine von drei Analysen einen zu hohen Wert an flüchtiger Säure aufwies. Nach dem Prozess Mitte 2019 fing es an. Antonin Iommi-Amunategui [Journalist] rief mich an und fragte, ob ich Interesse hätte mich zu engagieren. Mit Jacques Carroget [Winzer aus Anetz an der Loire] waren wir ja alte Hasen, hatten schon viel über das Thema debattiert und kannten die Argumente aus den Zeiten der AVN. Wir wussten auch durch die Erfahrungen der AVN, was ging und was nicht. Obwohl ich zéro/zéro Weine mache, habe ich dann doch zugestimmt, dass es zwei Labels gibt. Eins für ungeschwefelte Weine und eins für die »moins le quart«, wie ich sie nenne. Also mit etwas Schwefelzusatz nach der Vergärung. Das finde ich schon wichtig, dass man die unterscheidet.

Das hat aber dann schon immer noch etwas mit Vertrauen zu tun. Man kann ja in keiner chemischen Analyse erkennen, ob der vorhandene Schwefel zugesetzt wurde oder natürlich durch die Vergärung entstanden ist? Wenn also jemand sagt, er hat nichts reingetan, dann kann man zwar eine Analyse haben, die sagt aber nichts über die Art des Schwefels aus?

Die Menschen, die das Label wollen, unterzeichnen auf ihre Ehre, »sur l'honneur«. Wenn sie uns bescheißen wollen, können sie es gerne versuchen, irgendwann kommt es eh raus. Es wird ja geredet und dann erfährt man es, oder man schmeckt es. Kein System ist perfekt. Ich vertraue den Trinker*innen, dass sie an solchen Weinen kein Interesse haben. Da wird es die Gastronomen geben, sie brauchen etwas Naturwein, weil die Gäste ihn verlangen und werden dann die »moins le quart« ins Sortiment nehmen, damit sie auch Naturwein auf der Karte haben.

Im Label wird es eben verschiedene Weine geben. Die »moins le quart«, die »zéro / zéro«, aber auch fehlerhafte, abweichende Weine – die gibt es ja auch, ich habe selber viele davon gemacht, manche mögen sie, andere können sie nicht trinken. Wir machen keine Sensorikprüfung wie bei den anderen Kontrollen, es geht nur um die Machart.

Menschen, die sich für Naturwein interessieren, können und sollten sich dadurch auch auf große Überraschungen einstellen, es ist vom Geschmack her nicht festgezurrt.

Man spricht im Naturweinbereich nur noch vom Schwefel, obwohl die Definition ja viel detaillierter ist. Stört Dich das?

Ohne dieses Label ist es an der Verantwortung der Weinhändler*innen, die Informationen zu kommunizieren. Das ist ihr Job. Viele wissen nicht darum. Beim Label ist das so – wenn jemand Schwefel zugefügt hat, auch wenn der Gesamtwert unter 11 mg/l [rechtlich ist man dann nicht verpflichtet, es auf das Etikett zu schreiben] bleibt, dann bekommt dieser Wein trotzdem das Label »mit zugesetztem Schwefel«.

OIV: Die Internationale Organisation für Rebe und Wein (OIV) ersetzt das Internationale Amt für Rebe und Wein. Sie wurde durch das Abkommen vom 3. April 2001 geschaffen. Die OIV ist eine zwischenstaatliche wissenschaftliche und technische Einrichtung mit anerkannter Zuständigkeit in den Bereichen Rebe, Wein, weinhaltige Getränke, Tafeltrauben, Rosinen und andere Reberzeugnisse. (vgl. oiv.int)

Wie sieht es denn mit dem Marktanteil aus?

Oh, der ist verschwindend gering – immer noch. Größer ist jedoch der Impact, die Diskussion darum. Naturwein hat wie eine Aura bekommen. Selbst der **OIV** interessiert sich dafür.

Und warum ist das so?

Das hat meiner Meinung nach mit dem Zeitgeist zu tun. Ich lese gerade ein Buch – *Ni cuit ni cru* – da geht es um Fermentation. Die sieht man ja in vielen Bereichen zur Zeit. Sauerteig, Bier, Kimchi, Käse. Das ist nach den 80ern und 90ern, als alles tot gemacht wurde, alles aseptisch clean sein sollte, jetzt ein Revival des Lebendigen. Als Biowein rauskam, hatte er einen schlechten Start – es war ja nur Wein aus biologisch angebauten Trauben und geschmacklich hat er niemanden überzeugt. Die Richtlinien im Keller wurden ja erst viel später erstellt. Viele verwechseln immer noch Naturwein und Biowein. Jetzt gibt es den Markt – der muss organisiert werden. Bis jetzt haben wir ca. 400 Labels vergeben, die meisten Weingüter kannte ich davor gar nicht. Naja.

Viele Weingüter springen mit einem Biolabel auf den Zug auf. Bio läuft ja auch gut in den Supermärkten. Wenn es aber kleine Weingüter sind, schaffen sie es meistens nicht, wenn der Wein dann für 5,00 Euro in den Regalen stehen muss. Also gehen sie einen Schritt weiter und machen Naturweine, die sich dann wertiger, teurer verkaufen lassen. Die entsprechen dann nicht unbedingt der Philosophie der Pioniere. Man kann sehr gut auch so Naturwein machen. Man muss ja nicht so sein wie ich oder Babass [Sébastien Dervieux, Winzer an der Loire], wir sind entspannt und lassen den Wein sich selbst ausdrücken, andere werden etwas Schiss haben. Die machen dann Weine, die kommen aus der Bio-Ecke, etwas eingeschränkt, das sind nicht unbedingt die Weine, die mir gefallen werden, aber manchen können sie vielleicht Freude bringen. Das ist doch schon mal nicht schlecht, so als Wein, wenn er das Label hat.

Glaubst Du, dass es bald industrielle Naturweine im Supermarkt geben wird und die Philosophie des Teilens von früher einfach nicht mehr existieren wird?

Oh, die Zukunft, wer kennt sie schon? Man muss es mal so sehen. Naturwein ist ein Wein ohne Garantie. Es wird also immer ein Nischenmarkt bleiben, alleine schon von den Mengen her, die wir produzieren. Schon alleine daher werden wir nie auf industrieller Größe sein. Es ist wie bei sehr gutem Käse oder so, den findet man auch nicht an jeder Ecke. Die Menge an Naturwein wird steigen, wenn die Menge an Weingütern steigt, die Naturwein herstellen. Wenn ich ein Industrieller wäre, dann würde ich mich fragen, was denn zur Zeit gewollt, gesucht wird. Die junge Generation will die Erde retten, also Bio oder auf jeden Fall ohne Pestizide. Und sie will keine Zusatzstoffe im Wein, gar nichts, auch keinen Schwefel.

Solche Weine könnte man industriell herstellen, ob sie dann schmecken ist etwas anderes. Mit den PIWIs ist ein Anbau ohne synthetische Mittel sehr gut möglich, mit allen Maschinen, die dann auf großer Fläche eingesetzt werden. Dann organische Hefen dazu, pasteurisieren, filtrieren – und schon hat man einen Wein ohne Chemie hergestellt. Das könnte ein Wein von morgen sein. Wenn schon alle, die mit PIWIs arbeiten, sich biozertifizieren lassen würden, das geht ja. Da dürfen sie ja auch mit Maschinen ernten, schneiden und so. Gérard Bertrand [Winzer mit 850 Hektar im Languedoc] macht ja auch schon Bio. Wenn also die Großen in Zukunft mehr auf Umweltschutz achten und nichts mehr in den Wein tun, dann wird es noch kein Naturwein in meiner Definition sein, aber das wird es geben.

Sie vergiften dann wenigstens nicht mehr die Menschen. Geschmacklich kann ja dann jeder trinken, was er will. Naturwein sehe ich eben nicht in großer Menge, das kann es nicht in meinem Sinne geben. Das ist, wie wenn Du sagen würdest, Du machst jetzt in großer Menge Romanée Conti [siehe auch Seite 73]. Das einzige Genie in dieser Richtung, der das geschafft hat, ist Philippe de Rothschild mit 280000 Flaschen. Das hat mich immer beeindruckt. Die außergewöhnlichen Weine gibt es ja nie zu Hauf eigentlich. Bertrand macht 1 Million Flaschen – das muss man sich mal vorstellen! Ich glaube in Zukunft wird es zwei Richtungen geben. Die Naturweine, wie wir sie machen und verstehen, wird es nicht im Supermarkt geben. Die Lücke, die es

CHARTE D'ENGAGEMENT

Un Vin Méthode Nature doit respecter les 12 points de notre charte d'engagement.

1 • 100 % des raisins (de toutes origines : AOP, IGP, Vin de France, etc..) destinés à un vin qui se revendique "Vin méthode nature" **se doivent d'être issus d'une agriculture biologique engagée et certifiée** (Agriculture Biologique ou Nature & Progrès).

—

2 • Les vendanges sont **manuelles**.

—

3 • Les "Vins Méthode Nature" sont vinifiés uniquement avec des **levures indigènes**.

—

4 • **Aucun intrant** œnologique n'est ajouté dans un Vin Méthode Nature.

—

5 • **Aucune action de modification volontaire** de la constitution du raisin n'est autorisée.

—

6 • **Aucun recours aux techniques physiques brutales et traumatisantes** (du type : osmose inverse, filtration, filtration tangentielle, flash pasteurisation, thermovinification, centrifugation) n'est permis. Toute autre technique doit avoir l'avis en amont du Syndicat.

—

7 • **Aucun sulfite n'est ajouté avant et lors des fermentations, ni dans les pieds de cuve** (possibilité d'ajustement dans la limite d'un maximum de 30 mg d'H_2SO_4 total/l à l'analyse Frantz Paul (méthode de dosage du SO_2 libre et total par distillation/oxydation) pour le vin fini, quels que soient la couleur et le type de vin ; obligation d'information d'adjonction de sulfites, mentionnée sur l'étiquette via un logo dédié).

—

8 • Le label "Vin Méthode Nature" est attribué chaque année et pour chaque cuvée après contrôle interne du Syndicat et sur la déclaration sur l'honneur de l'adhérent.

9 • Utilisation d'un des logos d'identification du "Vin Méthode Nature" :

- Utilisable pour les vins **sans sulfites ajoutés** (pas d'ajout extérieur de sulfites)
- Validation des analyses Frantz Paul **jusqu'à 20 mg/L pour accepter la "fabrication" de sulfites naturels.**

- **À utiliser dès qu'il y a de l'ajout de sulfite**, même en quantité faible (< à 10 mg)
- **À utiliser jusqu'à 30 mg/L de sulfite** (analyse Frantz Paul)

< 30 mg/L de sulfites

—

10 • **Les cuvées "Vin Méthode Nature" doivent être clairement identifiables des consommateurs sur l'étiquette comportant les mentions légales valorisantes** : dénomination "Vin Méthode Nature" sous le nom de la cuvée et présence du logo respectant notre charte d'utilisation.

—

11 • Lors d'un salon les vignerons comme les organisateurs s'engagent à présenter cette charte à côté des bouteilles labellisées « Vin Méthode Nature ». Les cavistes sont encouragés à faire de même au sein de leur établissement.

—

12 • **Les vignerons s'engagent en leur nom propre** et toutes les cuvées "Vin Méthode Nature" seront mises en ligne sur notre site internet www.vinmethodenature.org

Mise à jour du 6 avril 2021

Syndicat de Défense des Vins Nature'l
9, rue André Brouard • BP 70510 • 49105 Angers Cedex 02 • syndicatvinnature@gmail.com

Retrouvez-nous sur notre site internet www.vinmethodenature.org **et sur les réseaux sociaux :**

zwischen uns und den industriellen Weinen gibt, werden die technischen Weine ohne Zusatzstoffe füllen, die dann die große Nachfrage befriedigen.

Wir haben gerade in Deutschland viele junge Winzer*innen, die mit Naturwein loslegen. Willst Du ihnen was mit auf den Weg geben?

Ja natürlich! Ich als großer Weinliebhaber bin überzeugt, die nächsten großen Naturweine werden aus Deutschland kommen. Mit dem Klimawandel und so, die haben immer noch eine tolle Säure und wunderbares Terroir zum Beispiel an der Mosel und auch woanders – die zukünftigen großen Weine werden aus dem Norden kommen. Wenn man eine Frische und eine Dynamik will – ich bin ja Fan von dem jungen Typen da aus Deutschland, der da einen Wein mit 10,5 Alkohol rausbrachte, wie heißt er denn noch mal – die Jungs von der Chambre Noir [Weinbar] aus Paris haben die ja alle.

Mit so einem Stein auf dem Etikett? Marto?

Ja genau – das ist reines Wunderwerk, eine Explosion an Energie! Ja, ich ermutige sie alle Naturwein zu machen!

Danke, ich gebe es weiter!

Es wird sicher auch weiterhin reine Naturweine ohne dieses Label geben, auch ohne Biolabel. Man vertraut Weinhändler*innen oder fährt selbst auf ein Weingut und überzeugt sich selbst, so gut es geht. In Deutschland wurde 2020 der Verein Naturknall gegründet mit dem Ziel, ein Label zu schaffen – erstmal nur für Deutschland. In Vernetzung mit Kollegen aus anderen Ländern wollen wir später ein europäisches Label erarbeiten. Die ersten Aufgaben des Vereins werden pädagogische sein, Aufklärung, aber auch Forschung für Weingüter, Weinhändler*innen und Weintrinker*innen.

»Vin naturel« darf auch in Frankreich nicht auf dem Etikett stehen. Das Label dort heißt »vin méthode nature«. Warum die Bezeichnung als Naturwein so schwierig ist, erklärt mir Martin Kühn, Präsident der ASW e. V., der Arbeitsgemeinschaft staatlicher Weinsachverständiger: »Für Deutschland gibt es kein niedergeschriebenes Verbot, jedoch eine allgemeine Beurteilungspraxis, die unter anderem auf Urteilen aus dem allgemeinen Lebensmittelrecht basiert. Da es keine Definition gibt, besteht sehr viel Interpretationsspielraum. Die Verbrauchererwartung lässt sich nur schwer darlegen. Würde der Verbraucher akzeptieren, dass die Trauben solcher Weine mit Pflanzenschutzmitteln behandelt wurden? Wie sieht es mit dem Schwefel aus? Welche önologischen Verfahren wie Hefezusatz, Anreicherung, Filtration würde der Verbraucher noch als natürlich ansehen? Die Frage ist ohne eine klare Definition solcher Erzeugnisse sehr schwierig.«

Das ist ein Appell an die Verbraucher*innen, sich zu zeigen, sich einzumischen, sich zu informieren! Von der Industrie heißt es immer wieder, die Verbraucher*innen wollen dies und jenes so haben. Wann wurden wir als Verbraucher*innen denn gefragt? Die Antwort, ob wir etwas wollen oder nicht, geben wir jeden Tag mit unserem Kaufverhalten. Angeblich wird seit März 2020 nach mehr Bioweinen gegriffen. Ein Jahr Corona-Pandemie und schon verändert sich die Statistik, weil Menschen bewusster, anders konsumiert haben. Die Anbieter erfahren die Antwort, wenn sich in entsprechenden Statistiken über 1,0 % Veränderung zeigt.

Wir alle sind also ein Teil vom großen Ganzen, nicht nur in der Natur, sondern auch im sozialen Gefüge, im Markt. Das ist eine schöne Verantwortung, die wir bewusster, informierter, mündiger tragen können!

Wein steht hier nur als Beispiel für viele Produkte, die sich in den letzten Jahrzehnten verändert haben. Bei Branntweinen herrscht eine ähnliche Situation. Dort hat die EU schon eingegriffen und Namen wie »Gin« oder »Wodka« für Destillate verboten, die nicht auf der Basis von 96-prozentigem Ethyl-, also industriellem Alkohol hergestellt werden. Der selbst gebrannte Gin, den ich in meinem Laden verkaufe, heißt seither GN. Mehr Informationen dazu gibt die Website www.naturschnaps.eu.

> Naturwein ist … eine Bereicherung der Weinwelt!
>
> – Billy / Nobelhardt & Schmutzig

DER KLIMAWANDEL

In den zurückliegenden Jahren war der Klimawandel deutlich am Wein zu spüren. Extremsituationen haben die Erträge stark beeinträchtigt. Mehrere Jahre in Folge zeigten sich Januar/Februar mit höheren Temperaturen. Die Knospen sprossen aus. Im März/April folgten Frostnächte, die die angehende Frucht erfrieren ließen. Solche Schäden können in einer einzigen Nacht passieren. Das Fernsehen zeigte Bilder von brennenden Weinbergen, weil dort alle drei Meter kleine Feuer gegen den Frost angezündet werden. Manche leisteten sich Hubschrauber, um die kalte Luft zu verwirbeln. Durch die Medien gingen diese Nachrichten nicht nur hinsichtlich des Weinbaus, auch die Obstbauern waren betroffen. Weniger Wein und weniger Äpfel wurden geerntet.

Ein Winzer aus dem Jura stellte dazu auf Facebook die interessante Überlegung an, ob dieser verstärkte Kampf um die Erträge, die durch Frost, Trockenheit, Hitze, Fäulnis oder andere Krankheiten so bedroht sind, dass selbst im Bioanbau mehr gespritzt werden müsse, bedeute, dass die Vitis vinifera, die Weinrebe, als Pflanze nicht mehr mit unseren Gefilden und unserem Klima kompatibel sei. Vielleicht müssen wir umdenken und zum Beispiel auf PIWIs setzen. Die pilzresistenten Sorten brauchen weniger bis keine Spritzmittel. Sie können teilweise nach Frostschäden ein zweites Mal austreiben und bieten vielen Winzer*innen eine gute Möglichkeit, auf synthetische Mittel zu verzichten, sprich: den Anteil des Bioanbaus zu erhöhen und somit der Verarmung des Bodens entgegenzuwirken. Dann könnten wir auch in 50 Jahren noch Wein trinken.

Winzer wie Jan Matthias Klein vom Staffelter Hof in Kröv an der Mosel bepflanzen Versuchsfelder mit Rebsorten aus Portugal, andere suchen nach antiken Sorten, die vor 300 Jahren wuchsen. Jasmin Swan, ebenfalls junge Winzerin aus Kröv, veranstaltet internationale Webinare zum Thema PIWIs und deren Akzeptanz mit Blick in die Zukunft. Das Thema beschäftigt.

Weine aus PIWIs sind noch umstritten, weil es noch keine Berühmtheiten unter ihnen gibt. Weinkritiker*innen haben noch nicht genügend Vergleiche und Erfahrungen mit diesen Weinen und sehen die traditionellen Rebsorten in Gefahr. Das ist verständlich, trotzdem zeigen die jüngsten Entwicklungen, dass es so wie bisher nicht einfach weitergehen kann. Auf der Suche nach Anpassungsmöglichkeiten helfen sicher eine Portion Neugier auf die Neuzüchtungen und das Bewusstsein, dass viele traditionelle Rebsorten auch irgendwann einmal unbekannt waren und neu angefangen haben.

Wie der Klimawandel auf die Landwirtschaft und auf unsere Leben wirkt, haben wir alle im Juli 2021 in Deutschland erlebt. Viele Weingüter an der Ahr wurden durch das Hochwasser zerstört und ich wünsche allen, dass sie sich wieder aufbauen können! #SolidAHRität!

FRAUEN IN DER SZENE

Bei um die 50 % Frauen in der Weltbevölkerung ist der Weinsektor, wie viele andere Marktsegmente auch, unterbesetzt, was weibliche Beteiligung angeht. In der Naturweinwelt werden allerdings vier der wichtigen Messen von Frauen organisiert: Isabelle Legeron steht für die *RAW WINE*, Sylvie Augérau für die *Dive Bouteille,* Marie-Christine Marzani für die italienische *Vigni di Vignaioli* und ich selbst für den *Weinsalon Natürel.* Eine der bekanntesten journalistischen Stimmen ist Alice Feiring aus New York. Sie veröffentlichte schon 2011 eines der ersten Bücher über Naturwein auf Englisch: *Naked wine – letting grapes do what comes naturally.* Sie ist auch mit ihrem Blog *The Feiring Line* ein wandelndes Lexikon, immer up to date und wunderbar kritisch nicht nur im Hinblick auf Naturwein. Vanessa Massé aus Nizza wurde in Frankreich vom Guide Michelin 2021 zur besten Sommelière gekürt. Sie führt ausschließlich Naturweine in ihrem Restaurant *Pure & V.*

In letzter Zeit, durch die globale #metoo – Debatte angeregt, werden Frauen auch in der Weinwelt immer lauter.

Im Naturweinbereich gibt es seit 2020 eine Reihe von sogenannten »cuvées militantes«. Verschiedene Weingüter haben dafür in Zusammenarbeit mit Fleur Godart und ihrer Weinagentur *Vins et Volailles* aus Paris Flaschen mit provokanten Etiketten auf den Markt gebracht. Als Initiatorin will sie wachrütteln, laut sein und Missstände aufdecken. Als Weinagentin nutzt sie dazu ihr Werkzeug – Weinflaschen als Kommunikationsmittel.

Veranlasst hat sie dazu eine Karikatur in der französischen Weinzeitschrift *En Magnum* im Dezember 2019. Dort wurde direkt auf ihre Firma Bezug genommen: »Maison Poulet-rotis – vins fins« als Anspielung auf »Vins et Volailles«. Eine junge Frau bietet dort einem alten Weinhändler an, wenn er eine ganze Palette bestelle, ziehe sie ihr Oberteil aus. Fleur Godart hat das Magazin verklagt, das lässt sie sich nicht gefallen. Viele fanden die Aktion »anstrengend«, vor allem Männer hielten sie für unnötig.

In vielen Weinschulen sind in der Dozentenschaft Männer in der Überzahl. Die meisten Weinbücher schreiben Männer, die meisten Weinkritiker sind Männer und die meisten Winzer sind Männer. Wie sollen und können Frauen ihren eigenen Weg finden, wenn die Vorgaben meist von Männern kommen?

Winzerinnen werden zwar mehr, auch im Naturweinbereich, dennoch müssen sie darum kämpfen, wahrgenommen zu werden. Auf Weinmessen werden sie oft für mithelfende Ehefrauen gehalten. Dass sie das Ruder im Keller selbst in der Hand halten und nicht nur die Bücher führen und die Telefonate annehmen, will man nicht so recht sehen. Einer der Weine aus der Reihe der »Cuvées militantes« heißt »Sorcières« (Hexen), weil auf manchen Weingütern seit dem Mittelalter bis heute der Glaube vorherrscht, eine Frau im Keller verderbe den Wein, vor allem, wenn sie ihre Tage hat.

Frauen schmecken anders als Männer, sie gehen anders an Wein heran: sinnlicher, emotionaler, intuitiver. An den Weinschulen wird jedoch das Analytische doziert, dort geht es darum, Fehler zu erkennen, strukturiert an die einzelnen Bestandteile der Weine heranzugehen. Der weibliche Weg wird immer wieder von Männern als falsch bezeichnet. Es wird Zeit, dass sich das ändert, da alle ein Recht auf ihre persönliche Wahrnehmung und die Entfaltung ihrer eigenen Sinne haben.

In Paris gibt es Weinproben ausschließlich für Frauen, »Oenoguines«, die einen Rahmen bieten, in dem Frauen nicht durch männliche Präsenz eingeschüchtert werden, in dem sie schmecken und riechen können, wie sie es wollen. Meine Erfahrung ist, dass Männer schneller Wahrheiten behaupten und Frauen eher zweifeln, bevor sie ihre Meinung äußern. Männer empfinden es als diskriminierend, wenn sie ausgeschlossen werden, dabei schließen sie selbst Frauen unbewusst oft aus. Wem es wie und wo recht zu machen, wird immer schwieriger. Ich hoffe, dass in Zukunft grundsätzlich ein respektvollerer Wind durch die Gesellschaft weht.

v. l. n. r.: Surk-ki Schrade, Isabelle Legeron, Ine Goossens, Alice Feiring

Nachwort / Digestif

In diesem Buch wurde viel über Wein im Allgemeinen, teils unter einem neuen Blickwinkel geschrieben, aber auch vieles weggelassen. Ich habe die Mönche und den Messwein nicht erwähnt, die Kelten und deren vergorene Säfte, auch die Überseeweine habe ich komplett außer Acht gelassen, dies und vieles mehr hätte den Rahmen gesprengt. Da es in erster Linie um Naturwein ging, hoffe ich, die Neugier auf dieses wunderbare Getränk bei den einen geweckt und bei den anderen ein wenig befriedigt zu haben. Denn das Wissen um Herkunft und Herstellung kann in der Beurteilung eines Getränks genusssteigernd wirken, und das sollte man sich nicht entgehen lassen.

Zu definieren, was man von einem Wein erwartet und welche Parameter ihn zu einem guten Wein machen, bleibt allen selbst überlassen. Ein günstiger Industriewein kann auch nach dieser Lektüre ein toller Wein für jemanden sein, der/die sich bei dessen Genuss beispielsweise in einen wunderbaren Menschen verliebt. Ein guter Wein ist wie der gute Moment, in dem man ihn trinkt. Und eine Vielzahl an ganz unterschiedlichen guten Momenten kann das Leben bereichern, wenn man sich nicht mit Erwartungen, sondern mit freudiger Neugierde an Überraschungen wagt. Dass Wein nicht gleich Wein ist, dass es nicht DEN besten gibt, konnte ich hoffentlich vermitteln. Dogmatismus schützt zwar in bestimmten Fällen, schränkt aber auch die Möglichkeiten des Erlebens ein. Es geht mir daher nicht um Schwefel oder nicht, um Label oder nicht, sondern um die größtmögliche Transparenz und Ehrlichkeit eines reinen Produktes. Wem das ebenso wichtig ist wie mir, kann vielleicht mithilfe dieses Buchs besser entscheiden, was er/sie in Zukunft zu sich nehmen möchte.

Der einzige Fehler, den man mit Wein machen kann, ist ihn nicht zu trinken.
Also einfach mal probieren! Santé – auf die Gesundheit

Winzer*innen in Deutschland

Sich als Weintrinker*in nicht nur mit dem Wein selbst, sondern auch mit den Weingütern zu befassen, ist in den Augen mancher vielleicht zu viel verlangt. Wein soll schmecken, mehr nicht! Hier stellen sich nun Weingüter vor, die in Deutschland Naturwein produzieren. Alle haben einen Fragebogen ausgefüllt, um eine Art Steckbrief daraus zu erstellen: Seit wann gibt es ihr Weingut, wie groß sind sie, wie viele Weine produzieren sie, wie sehen die Menschen hinter dem Wein aus, wie arbeiten die Betriebe, welche Haltung steckt dahinter – das alles sind Informationen, die Sie hier erhalten. Sie können vergleichen und sich selbst ein Bild machen!

Neben den hier aufgeführten existiert eine sehr große Anzahl an deutschen Naturweinen von anderen Weingütern, die hier nicht aufgelistet sind. Sei es, weil ich nicht alle kennen kann, sei es, weil sie meinen Aufruf nicht mitbekommen haben oder aus anderen Gründen. Die Liste ist also laufend erweiterbar. Manche Weingüter produzieren von 30 Weinen zwei Naturweine, weil man sie eben heutzutage im Portfolio führen muss. Solche Betriebe Naturweingut zu nennen, wäre nicht richtig gegenüber denen, die schon fast ihre gesamte Produktion darauf ausgerichtet haben.

KATLA WINES

Jas Swan
Robert-Schuman-Straße 208
54536 Kröv
www.staffelter-hof.de

Gründungsjahr: 2019
Bewirtschaftete Fläche: 0,5 ha
Anzahl Weine/Jahr: 9
Anteil Naturweine: 100%
Davon ungeschwefelt: 100%
Erster Naturwein: 2019
Biolabel/Zertifikat: Nein

Warum machst du Naturwein?

Weil ich es geiler finde und es mir selbst am besten schmeckt. Dazu kommt natürlich, dass es mir sehr wichtig ist, Bio-Trauben zu nutzen und Naturwein gibt mir die kreative Freiheit, Weine zu kreieren, die Spaß machen und Freude bringen und dazu noch für mich besser verträglich sind. Weine müssen lebendig sein für mich und daher sind Naturweine meine bevorzugte Wahl.

Willst du in Zukunft mehr Naturwein machen?

Ja, gerne und nur.

STAFFELTER HOF

Jan Matthias Klein
Robert-Schuman-Straße 208
54536 Kröv
www.staffelter-hof.de

Gründungsjahr: 862
Bewirtschaftete Fläche: 12 ha
Anzahl Weine/Jahr: 22
Anteil Naturweine: 50%
Davon ungeschwefelt: 100%
Erster Naturwein: 2014
Biolabel/Zertifikat: Ecovin

Warum machst du Naturwein?

Weil ich viel Freude daran habe. Ich war schon immer daran interessiert, Wein so ursprünglich wie möglich zu produzieren und möglichst kreativ vermarkten zu können.

Willst du in Zukunft mehr Naturwein machen?

Ja.

WEINGUT MELSHEIMER

Thorsten Melsheimer
Dorfstraße 21
56861 Reil/Mosel
www.melsheimer-riesling.de

Gründungsjahr: 1880
Bewirtschaftete Fläche: 12 ha
Anzahl Weine/Jahr: 20
Anteil Naturweine: 30%
Davon ungeschwefelt: 100%
Erster Naturwein: 2011
Biolabel/Zertifikat: Ecovin & demeter

Warum machst du Naturwein?
Seit 20 Jahren verfolge ich die Idee vom »Weglassen«. Irgendwann (2011) habe ich dann halt alles weggelassen.

Willst du in Zukunft mehr Naturwein machen?
Ja.

JAKOB TENNSTEDT

Jakob Tennstedt
Wildbadstraße 246
56841 Traben-Trarbach
www.jakobtennstedt.com

Gründungsjahr: 2017
Bewirtschaftete Fläche: 1,3 ha
Anzahl Weine/Jahr: 4
Anteil Naturweine: 100%
Davon ungeschwefelt: 100%
Erster Naturwein: 2017
Biolabel/Zertifikat: GfRS

Warum machst du Naturwein?
Aus Überzeugung und Vertrauen in die Natur und ihre Vollkommenheit.

Willst du in Zukunft mehr Naturwein machen?
Ausschließlich.

WEINGUT RITA & RUDOLF TROSSEN

Rita & Rudolf Trossen
Bahnhofstraße 7
54538 Kinheim-Kindel
www.trossenwein.de

Gründungsjahr: 1976
Bewirtschaftete Fläche: 2 ha
Anzahl Weine/Jahr: 12
Anteil Naturweine: 50%
Davon ungeschwefelt: 100%
Erster Naturwein: 2010
Biolabel/Zertifikat: Ecovin

Warum macht ihr Naturwein?
Weil er mir besser schmeckt und gut tut!

Wollt ihr in Zukunft mehr Naturwein machen?
Nö, Riesling kann mit der natürlichen Fruchtsüße sehr elegant tanzen.

GLOW GLOW

by Weingut Baumberger
Pauline & Carl Baumberger
Kreuznacher Straße 39
55595 Mandel
www.glowglow.de

Gründungsjahr: 2019
Bewirtschaftete Fläche: 2,5 ha
Anzahl Weine/Jahr: 5
Anteil Naturweine: 100%
Davon ungeschwefelt: 100%
Erster Naturwein: 2019
Biolabel/Zertifikat: Wir sind jetzt im ersten Jahr der Zertifizierung für das Label EU Bio.

Warum macht ihr Naturwein?
Vor ein paar Jahren war da plötzlich etwas unbekanntes Neues. Das war anders, als alles, was wir vorher getrunken und geschmeckt hatten. Naturwein war für uns der Schlüssel zu einer eigenen Idee vom Weinmachen. Die pure Freude am Wein, dass nicht nach Fehlern gesucht wird, sondern nach der Ehrlichkeit, die jeden Wein ausmacht, deshalb machen wir Naturwein. Wir wollen das produzieren, was wir gerne trinken möchten – zusammen mit Menschen, mit denen wir gerne anstoßen.

Wollt ihr in Zukunft mehr Naturwein machen?
Ja.

PIRI NATUREL

Christine Pieroth
Burg Layen
55452 Rümmelsheim
www.piriwein.de

Gründungsjahr: 1781
Bewirtschaftete Fläche: 15 ha
Anzahl Weine/Jahr: 20
Anteil Naturweine: 25%
Davon ungeschwefelt: 75%
Erster Naturwein: 2018
Biolabel/Zertifikat: –

Warum machst du Naturwein?
Aus meiner Einstellung zum Leben hat es sich ganz intuitiv dahin entwickelt. Und hört auch bei Wein nicht auf, sondern geht weit darüber hinaus.

Willst du in Zukunft mehr Naturwein machen?
Ja.

BERGKLOSTER

Jason Groebe
Seegasse 25
67593 Westhofen
www.bergkloster.com

Gründungsjahr: 1700
Bewirtschaftete Fläche: 7,7 ha
Anzahl Weine/Jahr: 8
Anteil Naturweine: 100%
Davon ungeschwefelt: 100%
Erster Naturwein: 2017
Biolabel/Zertifikat: EU Bio

Warum macht ihr Naturwein?
Wir wollen ehrliche Weine produzieren, die voller Leben sind und unsere Böden widerspiegeln.

Wollt ihr in Zukunft mehr Naturwein machen?
Ja.

CARL KOCH

Agustin Novoa
Wormser Straße 62
55276 Oppenheim
www.carl-koch.de

Gründungsjahr: 1833
Bewirtschaftete Fläche: 12 ha
Anzahl Weine/Jahr: 25
Anteil Naturweine: 20%
Davon ungeschwefelt: 30%
Erster Naturwein: 2010
Biolabel/Zertifikat: ABCert De-Öko-006

Warum machst du Naturwein?
Weil ohne Zugaben oder Filtration auch möglich ist!

Willst du in Zukunft mehr Naturwein machen?
Gerne auch 100%.

CHRISTOPHER BARTH

Chris Barth
Am Mandelberg 23
55232 Alzey
www.barthwein-alzey.de

Gründungsjahr: 2017
Bewirtschaftete Fläche: 7 ha
Anzahl Weine/Jahr: 8
Anteil Naturweine: 100%
Davon ungeschwefelt: 100%
Erster Naturwein: 2018
Biolabel/Zertifikat: demeter

Warum machst du Naturwein?
Ich will einfach guten Wein machen und am besten schmeckt es mir persönlich ohne Zusätze.

Willst du in Zukunft mehr Naturwein machen?
Wir wollen die Menge steigern, die Anzahl der Weine allerdings eher noch reduzieren.

VIN DE LAGAMBA

Alanna LaGamba
Alzeyerstraße 25
55237 Flonheim

Gründungsjahr: 2017
Bewirtschaftete Fläche: 7 ha (mit meinem Leben und meiner Liebe, Marto)
Anzahl Weine/Jahr: 2
Anteil Naturweine: 100%
Davon ungeschwefelt: 100%
Erster Naturwein: 2017
Biolabel/Zertifikat: –

Warum machst du Naturwein?
Für mich schmeckt es am besten und die Landwirtschaft ist wirklich die größte Freude der Welt.

Willst du in Zukunft mehr Naturwein machen?
NATÜRLICH!

MARTO WINES

Martin Wörner
Alzeyerstraße 25
55237 Flonheim

Gründungsjahr: 2017
Bewirtschaftete Fläche: 7 ha
Anzahl Weine/Jahr: 3
Anteil Naturweine: 100%
Davon ungeschwefelt: 100%
Erster Naturwein: 2107
Biolabel/Zertifikat: –

Warum machst du Naturwein?
Ich produziere den Wein, den ich selbst trinken möchte.

Willst du in Zukunft mehr Naturwein machen?
Keine Ahnung was ich in der Zukunft mache. Vielleicht trinke ich gerne konventionellen Bordeaux in 10 Jahren.

WEINGUT FREITAG

Philipp Freitag
Georgenhof 6
55291 Saulheim
www.weingut-freitag.com

Gründungsjahr: 2016
Bewirtschaftete Fläche: 4,5 ha
Anzahl Weine/Jahr: 5
Anteil Naturweine: 100%
Davon ungeschwefelt: 20%
Erster Naturwein: 2016
Biolabel/Zertifikat: EU Bio

Warum machst du Naturwein?
Sowohl der Weinanbau wie auch der Weinausbau sind für mich ohne unnötige Zusätze der einzig wahre Weg Wein zu produzieren.

Willst du in Zukunft mehr Naturwein machen?
Maximal 6 Weine.

WEINGUT MANN

Andreas Mann
Hauptstraße 9
55599 Eckelsheim
www.mann-wein.de

Gründungsjahr: 1800
Bewirtschaftete Fläche: 12 ha
Anzahl Weine/Jahr: 9
Anteil Naturweine: 100%
Davon ungeschwefelt: 90%
Erster Naturwein: 2015
Biolabel/Zertifikat: EU Bio

Warum machst du Naturwein?
Die Weine sind lebendig und näher am Terroir. In meinen Augen einfach besser.

Willst du in Zukunft mehr Naturwein machen?
Ich mache schon ausschließlich Naturwein und habe nicht vor, das zu ändern!

NATÜRLICH WEINREICH

Marc Weinreich
Riederbachstraße 7
67595 Bechtheim/ Rhh
www.natuerlich-weinreich.de

Gründungsjahr: 2009
Bewirtschaftete Fläche: 20 ha
Anzahl Weine/Jahr: 15
Anteil Naturweine: 20%
Davon ungeschwefelt: 100%
Erster Naturwein: 2009
Biolabel/Zertifikat: EU Bio

Warum machst du Naturwein?

Ich liebe kranke Ideen. Denn auch sie wachsen in mir. Gerne mal anders sein. Provozieren. Spaß dabei haben. Deshalb gefiel mir die Idee der Vin-naturel-Pioniere aus Frankreich, Spanien und Italien extrem, Weine wieder so zu produzieren, wie es einst üblich war. Voller Natur. Ohne Schnörkel. Kompromisslos. Terroir-fokussiert. Mit nicht stoppendem Trinkfluss.

Willst du in Zukunft mehr Naturwein machen?

Ganz sicher!

WEINGUT BIANKA UND DANIEL SCHMITT

Bianka und Daniel Schmitt
Weedenplatz 1
Weedenbornerhof
67592 Flörsheim-Dalsheim
www.biankaunddaniel.de

Gründungsjahr: 1960
Bewirtschaftete Fläche: 17 ha
Anzahl Weine/Jahr: 15
Anteil Naturweine: 100%
Davon ungeschwefelt: 70%
Erster Naturwein: 2012
Biolabel/Zertifikat: demeter

Warum macht ihr Naturwein?

Durch Kooperation mit der Natur arbeiten wir aus voller Leidenschaft und genießen die freie Ausübung unserer Philosophie.

Wollt ihr in Zukunft mehr Naturwein machen?

Wir machen und werden immer »Wein« machen.

WEINGUT MICHAEL TESCHKE

Michael Teschke
Laurenziberg 14
55435 Gau-Algesheim
www.weingut-teschke.de

Gründungsjahr: 2000
Bewirtschaftete Fläche: bisher 6,5 ha, mittlerweile nur noch 0,5 ha
Anzahl Weine/Jahr: 25
Anteil Naturweine: 30%
Davon ungeschwefelt: 100%
Erster Naturwein: 2001
Biolabel/Zertifikat: –

Warum machst du Naturwein?
Weil ich gerne naiv bin und keinen Kontrollzwang habe.

Willst du in Zukunft mehr Naturwein machen?
Ja.

WEINGUT WALLDORF

Maximilian Dexheimer
Mainzer Straße 50
55291 Saulheim
www.walldorf-wein.de

Gründungsjahr: 2018
Bewirtschaftete Fläche: 4 ha
Anzahl Weine/Jahr: 7
Anteil Naturweine: 100%
Davon ungeschwefelt: 95%
Erster Naturwein: 2018
Biolabel/Zertifikat: EU Bio

Warum machst du Naturwein?
Schmeckt besser.

Willst du in Zukunft mehr Naturwein machen?
Yes.

& HANDWEIN

Eric Carstensen
Jungbuschstraße 3
68159 Mannheim
www.handwein.org

Gründungsjahr: 2018
Bewirtschaftete Fläche: 0,8 ha & Traubenzukauf (Bio)
Anzahl Weine/Jahr: 4
Anteil Naturweine: 100%
Davon ungeschwefelt: 30%
Erster Naturwein: 2017
Biolabel/Zertifikat: -

Warum machst du Naturwein?
Vor allem, weil er mir besser schmeckt und aus Respekt vor der Natur, die uns die Trauben schenkt!

Willst du in Zukunft mehr Naturwein machen?
Ja.

BENZINGER

Volker Benzinger
Weinstraße Nord 24
67281 Kirchheim
www.weingut-benzinger.de

Gründungsjahr: 1787
Bewirtschaftete Fläche: 13 ha
Anzahl Weine/Jahr: 20
Anteil Naturweine: 30%
Davon ungeschwefelt: 100%
Erster Naturwein: 2014
Biolabel/Zertifikat: Ecovin

Warum machst du Naturwein?
Naturbelassen und reif bedeutet bekömmlich.

Willst du in Zukunft mehr Naturwein machen?
Ja.

BRAND BROS

Daniel und Jonas Brand
Weinstraße 7
67278 Bockenheim
www.brandbros.de

Gründungsjahr: 1891
Bewirtschaftete Fläche: 20 ha
Anzahl Weine/Jahr: 17
Anteil Naturweine: 100%
Davon ungeschwefelt: 100%
Erster Naturwein: 2014
Biolabel/Zertifikat: BIOLAND

Warum macht ihr Naturwein?
Naturwein ist der natürlichste und nachhaltigste Wein mit dem besten Geschmack – jeglicher Zusatz nimmt dem Wein die Lebendigkeit.

Wollt ihr in Zukunft mehr Naturwein machen?
Nö.

COLLECTIVE Z

Christoph Ziegler
Freinsheimerstraße 26
67098 Bad Dürkheim/Leistadt
www.collective-z.de

Gründungsjahr: 2015
Bewirtschaftete Fläche: 2 ha
Anzahl Weine/Jahr: 6
Anteil Naturweine: 100%
Davon ungeschwefelt: 50%
Erster Naturwein: 2015
Biolabel/Zertifikat: EU Bio – wir sind in Umstellung, arbeiten aber schon immer bio.

Warum machst du Naturwein?
Originalität der Herkunft.

Willst du in Zukunft mehr Naturwein machen?
Wir machen schon 100%.

ANDREAS DURST

Andreas Durst
Leininger Ring 69
67278 Bockenheim a. d. Weinstraße
www.durst-wein.de

Gründungsjahr: 2010
Bewirtschaftete Fläche: 0,8 ha
Anzahl Weine/Jahr: 6
Anteil Naturweine: 30%
Davon ungeschwefelt: 30%
Erster Naturwein: 2012
Biolabel/Zertifikat: –

Warum machst du Naturwein?
Weil es spannend, schwierig und herausfordernd ist.

Willst du in Zukunft mehr Naturwein machen?
Ja.

WEINGUT KRAUSS

Lukas Krauß
Stadtgrabenstraße 1
67245 Lambsheim
www.lukaskrauss.de

Gründungsjahr: 1984
Bewirtschaftete Fläche: 7,5 ha
Anzahl Weine/Jahr: 12
Anteil Naturweine: 33%
Davon ungeschwefelt: 100%
Erster Naturwein: 2014
Biolabel/Zertifikat: BIOLAND

Warum machst du Naturwein?
Die Art Weine ohne Zusätze zu produzieren hat mich schon länger fasziniert und seit ich die Weine von Johannes Zillinger kennengelernt habe, bin ich Feuer und Flamme. In den letzten Jahren habe ich mich persönlich mehr und mehr in Richtung Selbstversorgung entwickelt. Da gehört es für mich zwangsläufig dazu, nicht nur meine Schweine und Hühner ohne Zusätze und Medikamente zu ernähren, sondern auch meine Weine so herzustellen. Zudem stört mich der allgemeine Weinmarkt, in welchem nur auf den Preis und kaum auf die Produktionsmethoden und den Umfang der Mechanisierung geachtet wird, so sehr, dass ich mich von diesem bewusst abgrenzen möchte.

Willst du in Zukunft mehr Naturwein machen?
Ja.

WEINGUT LEINER

Sven Leiner
Arzheimer Straße 14
76831 Ilbesheim
www.weingut-leiner.de

Gründungsjahr: 1974
Bewirtschaftete Fläche: 17 ha
Anzahl Weine/Jahr: 26
Anteil Naturweine: 25%
Davon ungeschwefelt: 100%
Erster Naturwein: 2002
Biolabel/Zertifikat: demeter, respekt BIODYN

Warum machst du Naturwein?
Es fordert, bestätigt, macht entspannt, glücklich und zufrieden …

Willst du in Zukunft mehr Naturwein machen?
Ja.

WEINGUT SECKINGER

Jonas Seckinger
Hintergasse 26
67150 Niederkirchen
www.weingut-seckinger.de

Gründungsjahr: 2012
Bewirtschaftete Fläche: 22 ha
Anzahl Weine/Jahr: 25
Anteil Naturweine: 70%
Davon ungeschwefelt: 15%
Erster Naturwein: 2017
Biolabel/Zertifikat: EU Bio

Warum machst du Naturwein?
Für mich ist es wichtig harmonische, lebendige Weine zu produzieren, die jedes mikrobiologische Stadium (außer Essig) abgeschlossen haben. Die frei von regionalen Zwängen, Dogmatismus und Vorurteilen sind. Weine, die ihre Herkunft auf natürlichste Art und Weise zeigen.

Willst du in Zukunft mehr Naturwein machen?
Ja.

WEINGUT WOHLFAHRT-FRANKE

Yvette Wohlfahrt & Florian Franke
Winkeler Straße 47
65366 Geisenheim
www.wohlfahrt-franke.de

Gründungsjahr: 2013
Bewirtschaftete Fläche: 0,5 ha
Anzahl Weine/Jahr: 10
Anteil Naturweine: 10%
Davon ungeschwefelt: 0%
Erster Naturwein: 2017
Biolabel/Zertifikat: -

Warum macht ihr Naturwein?
Weil es sich richtig anfühlt.

Wollt ihr in Zukunft mehr Naturwein machen?
Jaaaaaaa, unbedingt!

2NATURKINDER

Melanie Drese & Michael Völker
Güterhallstraße 10
97318 Kitzingen
www.2naturkinder.de

Gründungsjahr: 1843
Bewirtschaftete Fläche: 7 ha
Anzahl Weine/Jahr: 13
Anteil Naturweine: 100%
Davon ungeschwefelt: 92%
Erster Naturwein: 2013
Biolabel/Zertifikat: EU Bio

Warum macht ihr Naturwein?
Weil lebendiger Wein der ehrlichste Ausdruck des Weinbergs ist. Weil das Ineinandergreifen von Boden, Rebstock, Wein und Mensch am intensivsten zum Tragen kommt. Und weil gut gemachter, lebendiger Wein einfach ein unschlagbarer Genuss ist.

Wollt ihr in Zukunft mehr Naturwein machen?
Mehr als 100% geht nicht oder?

STEFAN VETTER

Stefan Vetter
Neuweg 2
97753 Karlstadt
www.vetter-wein.de

Gründungsjahr: 2010
Bewirtschaftete Fläche: 4,5 ha
Anzahl Weine/Jahr: 12
Anteil Naturweine: 100%
Davon ungeschwefelt: 17%
Erster Naturwein: 2010
Biolabel/Zertifikat: EU Bio

Warum machst du Naturwein?
Weil's schmeckt.

Willst du in Zukunft mehr Naturwein machen?
Warum nicht …

ANDI WEIGAND

Andi Weigand
Lange Gasse 29
97346 Iphofen
www.andiweigand.com

Gründungsjahr: 2017
Bewirtschaftete Fläche: 10 ha
Anzahl Weine/Jahr: 7
Anteil Naturweine: 100%
Davon ungeschwefelt: 100%
Erster Naturwein: 2017
Biolabel/Zertifikat: EU Bio & Naturland

Warum machst du Naturwein?
Weil es der einzig richtige Weg ist, Wein zu machen.

Willst du in Zukunft mehr Naturwein machen?
Ja.

WEINGUT BUDDRUS

Eva-Maria Wehner & Konrad Buddrus
Am Anger 117
06636 Laucha
www.konniundevi.de

Gründungsjahr: 2017
Bewirtschaftete Fläche: 3,5 ha
Anzahl Weine/Jahr: 8
Anteil Naturweine: 100
Davon ungeschwefelt: ?
Erster Naturwein: 2017
Biolabel/Zertifikat: demeter & EU Bio

Warum macht ihr Naturwein?
Für uns ist es die purste Form eines Handwerks.

Wollt ihr in Zukunft mehr Naturwein machen?
Wenn wir mehr ernten: ja. :-)

ENDERLE & MOLL

Florian Moll
Hauptstraße 9
77955 Münchweier
www.enderle-moll.de

Gründungsjahr: 2007
Bewirtschaftete Fläche: 9 ha
Anzahl Weine/Jahr: 13
Anteil Naturweine: 100%
Davon ungeschwefelt: 10%
Erster Naturwein: 2007
Biolabel/Zertifikat: -

Warum macht ihr Naturwein?
Weil unsere Weine die einzigartigen Besonderheiten und Bedingungen unserer jeweiligen Weinberge möglichst direkt und unverfälscht widerspiegeln sollen …

Wollt ihr in Zukunft mehr Naturwein machen?
Absolut.

FORGEURAC

Marco Pfliehinger & Uwe Lange
Leostraße 1
68789 Sankt Leon
www.forgeurac.com

Gründungsjahr: 2015
Bewirtschaftete Fläche: 4 ha
Anzahl Weine/Jahr: 14
Anteil Naturweine: 100%
Davon ungeschwefelt: 25%
Erster Naturwein: 2015
Biolabel/Zertifikat: ABCert

Warum macht ihr Naturwein?
ehrlich, spannend, inspirierend

Wollt ihr in Zukunft mehr Naturwein machen?
Klar.

WEINGUT THOMAS HARTENECK

Thomas Harteneck
Brezelstraße15
79418 Schliengen/Baden
www.naturwein-harteneck.de

Gründungsjahr: 1996
Bewirtschaftete Fläche: 10 ha
Anzahl Weine/Jahr: 20
Anteil Naturweine: 70%
Davon ungeschwefelt: 20%
Erster Naturwein: 2016
Biolabel/Zertifikat: demeter

Warum machst du Naturwein?
Ursprung, Natürlichkeit und Nachhaltigkeit sind mir wichtig.

Willst du in Zukunft mehr Naturwein machen?
Ja.

WEINGUT LAY

Christian Lay
Scherkhofenstraße 52
79241 Ihringen
www.lay-weine.de

Gründungsjahr: 1870
Bewirtschaftete Fläche: 5 ha
Anzahl Weine/Jahr: 26
Anteil Naturweine: 40%
Davon ungeschwefelt: 100%
Erster Naturwein: 2008
Biolabel/Zertifikat: Ecovin

Warum macht ihr Naturwein?
Ein Naturwein ist ein Wein, in dem man die gesamte Vielfalt der Rebe, des Weinberges und der Flora des Weingutes schmecken kann. Ein ehrliches Produkt, das die wahre Herkunft einer Sorte widerspiegelt!

Wollt ihr in Zukunft mehr Naturwein machen?
Ja.

WINZERHOF LINDER

Ronald Linder
Röstehof 2
79346 Endingen
www.winzerhof-linder.de

Gründungsjahr: 1989
Bewirtschaftete Fläche: 5 ha
Anzahl Weine/Jahr: 15
Anteil Naturweine: 90%
Davon ungeschwefelt: 100%
Erster Naturwein: 2014
Biolabel/Zertifikat: demeter & Ecovin

Warum macht ihr Naturwein?
Naturwein ist die logische Konsequenz aus unserer probiotischen Arbeit im Weinberg.

Wollt ihr in Zukunft mehr Naturwein machen?
Wir machen 100% Naturwein aus unseren roten und 90% aus unseren weißen Traubensorten, von daher geht mehr fast nicht. :-)

SCHERER & ZIMMER

Michael Zimmer
Im Bergfeld 6
79189 Bad Krozingen
www.scherer-zimmer.de

Gründungsjahr: 2011
Bewirtschaftete Fläche: ca. 9 ha, davon werden ca. 4 ha selbst ausgebaut, von 5 ha werden die Trauben abgegeben.
Anzahl Weine/Jahr: 10
Anteil Naturweine: 20%
Davon ungeschwefelt: 100%
Erster Naturwein: 2018
Biolabel/Zertifikat: EU Bio, Ecovin & demeter

Warum macht ihr Naturwein?
Wir versuchen die Traube 1 zu 1 in die Flasche zu bekommen, mit Naturwein schaffen wir das. Es macht einfach viel mehr Spaß ein Produkt in

den Händen zu halten das authentisch Boden, Klima und Jahrgang widerspiegelt.

Wollt ihr in Zukunft mehr Naturwein machen?
Ja, es werden dieses Jahr, zu unseren PetNats, noch 3 Stillweine ohne Schwefelzugabe dazukommen. Bei unseren anderen Weinen sinken in den letzten Jahren auch schon die Schwefelgaben kontinuierlich.

WEINGUT AM SCHLIPF

Christoph Schneider
Lörracher Straße 4
79576 Weil am Rhein
www.weingut-am-schlipf.de

Gründungsjahr: 1892
Bewirtschaftete Fläche: 15 ha
Anzahl Weine/Jahr: 15
Anteil Naturweine: 30%
Davon ungeschwefelt: 100%
Erster Naturwein: 2015, ab 2018 fortgeführt und Kollektion erweitert
Biolabel/Zertifikat: Nein, wir sind aktuell in der Umstellung.

Warum machst du Naturwein?
Als Selbstverständnis, dass ein eigenständiger Wein so natürlich wie möglich produziert sein muss. Mehr Freiheiten beim Ausbau und weniger Abhängigkeiten. Es geht dabei vielleicht auch weniger um den Begriff »Naturwein«, sondern vielmehr darum, den handwerklichen Aspekt, die Auseinandersetzung mit der Umwelt und Rebe wieder verstärkt in den Vordergrund zu rücken.

Willst du in Zukunft mehr Naturwein machen?
Ja, als logische Konsequenz dem Naturweingedanken entsprechend den ganzen Betrieb dahin entwickeln.

[TRUB:STOFF]

Gèraldine Bollmann & Florian Moll
Hauptstraße 9
77955 Münchweier

Gründungsjahr: 2018
Bewirtschaftete Fläche: 1 ha
Anzahl Weine/Jahr: 3
Anteil Naturweine: 100%
Davon ungeschwefelt: 100%
Erster Naturwein: 2018
Biolabel/Zertifikat: -

Warum macht ihr Naturwein?
Weil unsere Weine wild, schön & einzigartig sein sollen und weil wir es der Natur & unseren Reben schuldig sind …

Wollt ihr in Zukunft mehr Naturwein machen?
Ja klar!

WASENHAUS

Alexander Götze
Rothofweg 2
79219 Staufen
www.wasenhaus.de

Gründungsjahr: 2016
Bewirtschaftete Fläche: 3 ha
Anzahl Weine/Jahr: 12
Anteil Naturweine: 50%
Davon ungeschwefelt: 10%
Erster Naturwein: 2016
Biolabel/Zertifikat: -

Warum macht ihr Naturwein?
Weil es nicht viel braucht, um guten Wein zu machen, vor allem gute Trauben und ein gutes Handwerk.

Wollt ihr in Zukunft mehr Naturwein machen?
Bei uns gibt es keine Dogmen, wir entscheiden von Jahrgang zu Jahrgang und Wein zu Wein. Immer nach der Devise »weniger ist mehr«, aber die Weine sollen schon unseren Vorstellungen von einem großen Wein entsprechen.

KLEINES GUT

Daniel Kurrle
Götzenbergstraße 14
70329 Stuttgart-Uhlbach

Gründungsjahr: 2020
Bewirtschaftete Fläche: 3 ha
Anzahl Weine/Jahr: 2
Anteil Naturweine: 100%
Davon ungeschwefelt: 100%
Erster Naturwein: 2019
Biolabel/Zertifikat: EU Bio & demeter

Warum machst du Naturwein?
Es fühlt sich richtig an. Alles andere würde sich falsch anfühlen. Es geht um Lebendigkeit und Energie und Kraft und Wohlbefinden.

Willst du in Zukunft mehr Naturwein machen?
Ja.

WEINGUT LASSAK

Stefanie & Fabian Lassak
Besigheimer Straße 23
74394 Hessigheim
www.weingut-lassak.de

Gründungsjahr: 2016
Bewirtschaftete Fläche: 3,5 ha
Anzahl Weine/Jahr: 5
Anteil Naturweine: 100%
Davon ungeschwefelt: 40%
Erster Naturwein: 2018
Biolabel/Zertifikat: EU Bio

Warum macht ihr Naturwein?
Wir möchten authentische Weine erzeugen, welche die Herkunft widerspiegeln. Für uns ist dies die beste Möglichkeit, das terroir zu transportieren. Uns fasziniert an »Naturwein« die zusätzliche Dimension und »Lebendigkeit«.

Wollt ihr in Zukunft mehr Naturwein machen?
Ja.

ROTERFADEN

Olympia, Samara & Hannes Hoffmann
Hagenrainstraße 37
71665 Vaihingen/Roßwag
www.weingutroterfaden.de

Gründungsjahr: 2014
Bewirtschaftete Fläche: 2,5 ha
Anzahl Weine/Jahr: 5
Anteil Naturweine: 100%
Davon ungeschwefelt: 0%
Erster Naturwein: 2014
Biolabel/Zertifikat: demeter

Warum macht ihr Naturwein?
Naturwein ist die schönste Variante, um terroirbezogen Weine zu machen.

Wollt ihr in Zukunft mehr Naturwein machen?
Ja.

NATURWEIN …

IN ÖSTERREICH (EINE AUSWAHL)

Andert-Wein
Michael Gindl
Gut Oggau
Heinrich
Herrenhof Lamprecht
Joiseph
Koppitsch
Lichtenberger Gonzalez
Markowitsch
Meinklang
Nibiru
Gebrüder Nittnaus
Claus Preisinger
Quantum Winery
Rennersistas
Schmelzers Weingut
Josef Totter
Johannes Trapl
Christian Tschida
Weinbau H. P. Harrer
Weingut Judith Beck
Weingut Buchmayer
Weingut Maria & Sepp Muster
Weingut Eva & Karl Schnabel
Weingut Strohmeier
Weingut Taferner
Weingut Tauss
Weingut Andreas Tscheppe
Weingut Warga-Hack
Weninger
Wenzel
Weingut Werlitsch
Johannes Zillinger

IN DER SCHWEIZ (EINE AUSWAHL)

Michael Broger Weinbau
Domaine Chérouche – A. Grossmann & M. Balzan
Domaine Julien Guillon
Les Vins du Fab – Fabien Henriot
Les Vins du Vulpin
Mythopia
Anne-Claire Schott
Weinbau Grob

IN SÜDTIROL (EINE AUSWAHL)

Pranzegg
Thomas Niedermayr

Naturweinhandel und -gastronomie in Deutschland

Dies hier ist vielleicht die erste Liste deutscher Naturweinakteure, und zum Zeitpunkt des Erscheinens dieses Buches werden es noch mehr sein. Es gibt noch viele weitere. Zustande kam die Zusammenstellung durch meinen Aufruf in den sozialen Medien, einen Appell an die Weingüter, ihre gewerblichen Kunden über diese Auflistung zu informieren.

Ich wünsche schöne Begegnungen!

	Online-Shop	Weinhandel	Weinbar / Restaurant	Gründungsjahr?	Anzahl Weine im Sortiment (Stand November 2021)?	Anteil Naturweine (in %)?	Davon ungeschwefelt (in %)?
BADEN-WÜRTTEMBERG							
OFF GRID low intervention wine Liststraße 47, 70180 Stuttgart www.offgrid.wine	x	x		2019	150	100	25
Vinoteca Maxima Straßburgerstraße 8, 77694 Kehl am Rhein www.vinoteca-maxima.de	x	x		2017	3400	70	30
Vinothek am Michelsberg Mühlsteige 4, 89075 Ulm www.vinothek-ulm.de		x	x	2019	600	20	10

	Online-Shop	Weinhandel	Weinbar / Restaurant	Gründungsjahr?	Anzahl Weine im Sortiment (Stand November 2021)?	Anteil Naturweine (in %)?	Davon ungeschwefelt (in %)?
BAYERN							
Champagne Characters Alter Messeplatz 6, 80339 München www.champagne-characters.com	x	x	x	2014	750	15	5
Origine Kiosque Belgradstraße 2, 80796 München, www.origine-kiosque.de	x	x	x	2016	172	100	60
Culina Restaurant Schleifweg 31–33, 90409 Nürnberg www.restaurant-Culina.de			x	1992	119	84	80
BERLIN							
8greenbottles Senefelderstraße 34, 10437 Berlin www.8greenbottles.de	x	x		2017	150	100	60
Cantine Sant Ambroeus Hufelandstraße 17, 10407 Berlin www.cantinesantambroeus.com	x	x	x	2013	600	80	80
Fyt Wine Bredowstraße 17, 10551 Berlin www.fytwine.com	x	x		2019	60	100	50
Jaja / return of the living wine Weichselstraße 7, 12043 Berlin www.returnofthelivingwine.com	x		x	2016	150	100	90
La Malo Flughafenstraße 25, 12053 Berlin		x	x	2018	50	100	90
Motif Wein Weserstraße 189, 12045 Berlin			x	2017	4	100	100
Rocket wine Linienstraße 114, 10115 Berlin www.rocketwineberlin.com		x		2016	300	100	60
Sinnesfreude Weichselstraße 65, 12043 Berlin-Neukölln		x		2012	150	60	10
Speiselokal Nobelhart & Schmutzig Friedrichstraße 218, 10969 Berlin www.nobelhartundschmutzig.com	x		x	2015	1200	35	20
Treat Berlin Okerstraße 35, 12049 Berlin www.treat.berlin	x	x	x	2019	240	95	80
Viniculture Grolmanstraße 44–45, 10623 Berlin www.viniculture.de	x	x		1984	550	60	35
Weinhandlung Suff Oranienstraße 200, 10999 Berlin www.suffberlin.de	x	x		1989	600	60	30
WineMaterial Schönhauser Allee 156, 10435 Berlin www.foodmaterial.com	x	x		2020	260	100	70

	Online-Shop	Weinhandel	Weinbar / Restaurant	Gründungsjahr?	Anzahl Weine im Sortiment (Stand November 2021)?	Anteil Naturweine (in %)?	Davon ungeschwefelt (in %)?
HAMBURG							
Die Weinbagaluten Martinistraße 16, 20251 Hamburg www.weinbagaluten.de	x	x	x	2018	50	100	85
haebel La cave Paul-Roosen-Straße 31, 22767 Hamburg www.haebel.hamburg			x	2011	120	100	90
VinVin Cyll Voigt Schanzenstraße 81, 20357 Hamburg www.vinvin-naturel.com	x	x		2019	190	100	80
Wein am Limit Erikastraße 47, 20251 Hamburg www.weinamlimit.de	x	x		2012	700	33	30
ZUEHLKE Naturwein Stockmeyerstraße 43, 20457 Hamburg www.slowandzero.com www.zuehlke-weinbar.de www.vinsionr.com	x	x	x	2013	130	100	95
HESSEN							
Emma Metzler Gastronomie Schaumainkai 17, 60594 Frankfurt am Main www.emmametzler.de			x	2016	200	75	50
EspressoEspresso Braubachstraße 28, 60311 Frankfurt am Main			x	2018	150	100	80
Stelios Weine Wilhelm-Röntgen-Straße 7, 63150 Heusenstamm www.stelios-weine.de	x	x		2011	140	21	51
NRW							
#asktoni www.asktoni.de			x	2022	200	65	30
Bar Rix Friesenwall 58, 50672 Köln	x		x	2018	300	10	2
Bistro Fatal Hermannstraße 29, 40233 Düsseldorf www.bistro-fatal.com			x	2016	80	95	100
Bar Olio Schirmerstraße 54, 40211 Düsseldorf			x	1999	180	80	30
FetteBeute-Unverpackt Uhlstraße 36–40, 50321 Brühl www.fettebeute-unverpackt.de	x			2020	6	100	100
Covi Natural Wines Bilker Allee 126, 40217 Düsseldorf			x	2019	30	100	70
Eiskeller Weinbar Eiskellerberg 1, 40213 Düsseldorf www.eiskellerbar.de		x	x	2015	300	30	20
Essers Gasthaus Ottostraße 72, 50823 Köln www.essers-gasthaus.de			x	1995	150	10	3

	Online-Shop	Weinhandel	Weinbar / Restaurant	Gründungsjahr?	Anzahl Weine im Sortiment (Stand November 2021)?	Anteil Naturweine (in %)?	Davon ungeschwefelt (in %)?
FoodMaterial Kleine MarktHalle Suelz Berrenrather Straße 205, 50937 Köln www.foodmaterial.com	x	x		2015	260	100	70
frohnatur NATURWEINE Roonstraße 106, 50674 Köln www.frohnatur.wine	x	x		2020	25	100	100
Handwerks-Fleischerei Eckart Dürener Straße 233, 50931 Köln www.fleischerei-eckart.de		x		1965	6	100	80
Hashi, petite chinoiserie Ackerstraße 182, 40235 Düsseldorf www.hashi-mahlzeit.de			x	2010	100	25	5
kado sushi Arndtstraße 10, 33602 Bielefeld www.kado-sushi.de			x	2007	14	80	80
Korkenkonzept UG Neusser Straße 50, 50670 Köln www.korkenkonzept.de	x	x		2020	65	35	40
MB café&bar Königswinterstraße 1, Ecke Gottesweg, 50939 Köln www.mb-cafe.de			x	2017	10	30	90
Restaurant Tanica Engelbertstraße 31a, 50674 Köln www.rosticceria-massimo.de			x	2016	500	10	5
La Vincaillerie Leostraße 57, 50823 Köln - Ehrenfeld	x	x		2009	180	100	95
velvet Stresemannstraße 8, 40210 Düsseldorf			x	2018	25	80	50
Vin Pur – Heinrich sein Enkel Rolandstraße 20, 33615 Bielefeld www.vinpur.de	x	x	x	2012	400	100	80
NUR ONLINE							
BOTTLED.BERLIN www.bottled.berlin	x			2020	14	14	14
MORE Natural Wine www.morenaturalwine.com	x			2019	700	100	?
Naturwein Georgien www.naturwein-georgien.de	x			2017	43	100	75
Nudus Vinum www.nudusvinum.com	x			2019	41	100	20
SOMA VINES www.somavines.com	x			2018	56	100	40
WINEONTHEBENCH www.wineonthebench.de	x			2021	12	100	50
wir2liebenwein www.wir2liebenwein.de				2009	226	80	80
NWW Naturweinwelt GmbH www.naturweinwelt.de	x			2020	45	100	100

WEITERFÜHRENDE LINKS UND LITERATUR

Verbände

- www.vinmethodenature.org
- www.vins-sains.org
- www.naturknall-wein.de
- www.vinnatur.org/en
- www.vin-nature.ch

Blogs/Links

- www.vinsnaturels.fr/index.php
- www.wineterroirs.com
- www.nowineisinnocent.com
- www.morethanorganic.com

Podcast

- www.flaschenkinder.podigee.io

Apps

- www.raisin.digital

Magazin

- www.effilee.de/reiner-wein-was-drin-ist-und-nicht-draufsteht/

Bücher

Auf Französisch

- *Le vin en question*, Jules Chauvet, 1981.
- *Vin Bio – mode d'emploi – du vin bio au vin naturel*, Jèrôme van der Putt, 2006.
- *Le Vin francais un chef d'œuvre en péril*, Alexandre Rougé, 2009.
- *Pur Jus – Cultivons l'avenir des vignes*, Justine Saint-Lô und Fleur Godart, 2016.
- *Pur Jus – Vinification*, Justine Saint-Lô und Fleur Godart, 2018.
- *La corne de vache et le microscope*, Christelle Pineau, 2019.

Auf Englisch

- *Naked Wine – letting grapes do what comes naturally*, Alice Feiring, 2011.
- *Natural wine for the people*, Alice Feiring, 2019.
- *Natural Wine – an introduction*, Isabelle Legeron, 2014.

Auf Deutsch

- *Naturwein*, Isabelle Legeron, 2020.
- *Ahnung von Wein? Oder 10 Jahre Naturweinerlebnis in Deutschland*, Surk-ki Schrade, 2020.
- *Von der Freiheit, den richtigen Wein zu machen*, Romana Echensperger, 2020.

Filme

- *Mondovino*, Jonathan Nossiter, 2004.
- *Natural resistance*, Jonathan Nossiter, 2014.
- *Winecalling*, Bruno Sauvard, 2018.
- *Punkovino*, Arte: www.arte.tv/de/videos/RC-017612/punkovino/

Quellenangaben

Schrenk, Christhard und Hubert Weckbach: Weinwirtschaft im Mittelalter. Zur Verbreitung, Regionalisierung und wirtschaftlichen Nutzung einer Sonderkultur aus der Römerzeit, Heilbronn, 1997.

Wittgenstein, Ludwig: Tractatus logico-philosophicus, Frankfurt am Main, 1963.

Zweifler, Franz: Lehrbuch des Weinbaus und der Weinbehandlung, Berlin, 1924.

Webseiten

S. 8: EUR-Lex / Verordnung (EU) Nr. 1308/2013 des Europäischen Parlaments und des Rates vom 17. Dezember 2013
https://eur-lex.europa.eu/legal-content/DE/TXT/?uri=celex:32013R1308

S. 11: Webweinschule
https://www.webweinschule.de/parker-punkte/

S. 14: Statista
https://de.statista.com/outlook/cmo/bekleidung/damenbekleidung/socken-struempfe/deutschland
https://de.statista.com/outlook/cmo/alkoholische-getraenke/wein/deutschland

S. 16: Deutsches Weininstitut
https://www.deutscheweine.de/fileadmin/user_upload/Statistik_2020.pdf

S. 17: Aldi Süd
https://www.aldi-sued.de/de/p.riesling-classic-rheinhessen-pfalz-qba-l.490000000000001088.html

S. 17: wein.de
https://www.wein.de/de/deutsche-weine/qualitaet/erlaubte-typen-und-qualitaetsbezeichnungen/

S. 22: Deutsches Weininstitut
https://www.deutscheweine.de/wissen/wein-probieren/geschmacksrichtungen/

S. 24: Deutsches Weininstitut
https://www.deutscheweine.de/wissen/qualitaetsstandards/gueteklassen/

S. 27: Bundesministerium für Ernährung und Landwirtschaft
https://www.bmel.de/DE/themen/landwirtschaft/pflanzenbau/weinbau/weingesetz-reform.html

S. 27: Südwestrundfunk SWR
https://www.swr.de/swraktuell/baden-wuerttemberg/neues-weinrecht-weg-vom-zucker-hin-zur-herkunft-100.html

S. 42: La Vincaillerie
https://www.la-vincaillerie.de/images/Plakat5Flaschen%20Klein.jpg

S. 47: Woschek's Weinwissen
http://www.woscheks-weinwissen.de/doku.php/geschichte

S. 51: ECOVIN
https://www.ecovin.de/richtlinie/

S. 54: Ökolandbau.de
https://www.oekolandbau.de/landwirtschaft/pflanze/grundlagen-pflanzenbau/pflanzenschutz/pflanzenschutzmittel/kupfer-im-oekolandbau/

S. 61: K&U – Die Weinhalle
https://www.weinhalle.de/lexikon/pH-Wert.html

S. 66: DLG e. V.
https://www.dlg.org/de/ueber-uns/geschichte-der-dlg/8-ab-1891-der-dauerwarenwettbewerb

S. 67: VDP.Die Prädikatsweingüter
https://www.vdp.de/de/die-weine/qualitaetsphilosophie

S. 68: VDP.Die Prädikatsweingüter
https://www.vdp.de/de/die-weine/klassifikation

S. 72: Weingut bergkloster
https://www.weingut-bergkloster.de/weingut/lagen

S. 76: Cultivino
https://www.cultivino.ch/kultur/standpunkte/interview-mit-pierre-overnoy/

S. 86: Der Feinschmecker
https://www.feinschmecker.de/

S. 86: Meiningers Sommelier
https://www.meininger.de/meiningers-sommelier

S. 86: vinum
https://www.vinum.eu/de/

S. 87: biowein erlesen
https://www.biowein-erlesen.de/Biowein-und-Histamin

S. 136: Più Gusto Bio
https://www.piugustobio.it/tutto-sui-solfiti.html

S. 137: Wein am Limit
https://shop.weinamlimit.de/magazin/warum-kostet-ein-wein-so-viel-wie-er-kostet/

S. 150: OIV
https://www.oiv.int/de/die-internationale-organisation-fur-rebe-und-wein/die-oiv-stellt-sich-vor

S. 152: Vin methode nature
https://vinmethodenature.org/

S. 154: Naturschnaps.eu
http://naturschnaps.eu/

S. 155: novisys – Weinbau mit Zukunft
https://www.zukunft-weinbau.de/winzer/winzer-was-sind-piwis/

Bildnachweis

S. 5, 19 (oben, unten links), 20, 23, 29, 30, 38, 40, 42 (links), 49, 65, 69 (oben links, oben rechts, unten rechts), 72, 73, 75, 82, 84, 86, 90, 93 (unten links, unten rechts), 94, 95, 97, 113, 123, 131, 132, 144, 154, 155, 157, 160, 161, 190: © Surk-ki Schrade; S. 10, 13, 15, 17, 19 (unten rechts), 22, 42 (rechts), 44, 46, 64, 69 (unten links), 83, 91, 115, 128, 135, 141, 156: © Stephan Bechem; S. 54: © Rudolf Trossen; S. 58, 59: © Georg Schmelzer; S. 60: © Hardy Müller; S. 67: © VDP.Die Prädikatsweingüter; S. 76: © Bertrand Celce/Wineterroir; S. 92: (oben links) © La remise, salon de vins naturels, (oben rechts) © Anne-Sophie Tschiegg/Le salon Brut(es), (unten links) und S. 93 (oben rechts): © la dive bouteille, (unten rechts) © Francesca Ballarini/Associazione Vinnatur; S. 93: (oben links) © Marco Kovac, Jessica Rather/Karakterre, (Mitte links) © RAW WINE; S. 98, 99: © Thomas Westermann; S. 100, 101: © Marko Seifert; S. 102, 105: © Heinrich sein Enkel; S. 106, 109: © Alexandre Bourgeuil; S. 110: © Origine Kiosque; S. 126: (oben links) © Lammidia, (oben rechts) © Barthwein/Alzey, (Mitte links) © Weingut Maria und Sepp Muster, (unten links) © Weingut Hubert Lay, (unten rechts) © Domaine Pierre Frick; S. 127: (oben links) © PIRI Wein/Christine Pieroth, (oben rechts) © Glow Glow Wines/Pauline Baumberger, (Mitte links) © Domaine des Maisons Brûlées, (Mitte rechts) © Milan Nestarec, (unten links) © Andreas Mann, (unten rechts) © Weingut Benzinger; S. 142: © Antony Tortul/La Sorga; S. 146: © Anne Bouillot; S. 152: © syndicat méthode vin nature; S. 159: © Ine Goossens; S. 162: (oben) © Thomas Rabsch, (unten) © Jan Klein; S. 163: (oben) © Demeter e. V., (unten) © Jakob Tennstedt; S. 164: (oben) © Oliver Brenneisen, (unten) © Sophia Schillik/Pipette Magazine; S. 165: (oben) © PIRI Wein/Christine Pieroth, (unten) © Michael Krosny; S. 166: (oben) © Agustin G. Novoa, (unten) © Andreas Durst; S. 167: (oben) © Alanna LaGamba, (unten) © Martin Wörner; S. 168: (oben) © Favoreat/Katja Hentschel, (unten) © Andreas Mann; S. 169 (oben): © Weinreich, (unten) © Hardy Müller; S. 170: (oben) © Michael Teschke, (unten) © Maximilian Dexheimer; S. 171 (oben): © Eric Carstensen, (unten) © Weingut Benzinger; S. 172: (oben) © Peter Bender, (unten) © Collective Z; S. 173: (oben) © Andreas Durst, (unten) © Lukas Krauss; S. 174: (oben) © Weingut Leiner, (unten) © Tilo Wiedensohler; S. 175: (oben) © peederopecta, (unten) © Richard Zinken/Naturweinwelt; S. 176: (oben) © Stefan Vetter, (unten) © Andi Weigand; S. 177: (oben) © Weingut Buddrus, (unten) © Jigal Fichtner; S. 178: (oben) © Uwe Lange, (unten) © Weingut Thomas Harteneck; S. 179: (oben) © Weingut Hubert Lay, (unten) © Winzerhof Linder; S. 180: (oben) © Claudia Zimmer, (unten) © Christoph Schneider; S. 181: (oben) © Geraldine Florian, (unten) © Wasenhaus; S. 182: (oben) © Daniel Kurrle, (unten) © Catalin Biedron; S. 183: © Andreas Henke; S. 184: © Lukas Krauss

ÜBER DIE AUTORIN

Surk-ki Schrade ist Baujahr 1970 und Mutter von zwei Söhnen. In Frankreich aufgewachsen, hat sie dort auch Kommunikationswissenschaften, Linguistik und Film studiert. Nach 14 Jahren als Regie-Assistentin bei deutschen Filmproduktionen widmet sie sich inzwischen voll und ganz ihrer Leidenschaft für Naturwein. Ob als Autorin, als Weinhändlerin in ihrem Laden La Vincaillerie in Köln oder auf der Naturwein-Messe Weinsalon Natürel, die sie selbst gegründet hat – Surk-ki Schrade gelingt es fabelhaft, Begeisterung für Naturwein zu wecken.

DANKE AN

- Romana Echensperger, Nikolaj Wojtko, den Bechem, Hubert Lay, Bianka Schmitt, Rudolf Trossen, Pierre Overnoy, Gilles Azzoni, Martin Kühn, Fritz Scheuermann, Herrn Woschek, Henrik Thoma, Lukas Frey und Severin Aegerter, Anne Bouillot, Lisbeth und Georg Schmelzer, Ine Goossens für Texte, Empfehlungen, Fotos und Lektüre.

- alle Winzer*innen, die weiter vergorene Traubensäfte herstellen und abfüllen und uns damit wunderbare Momente schenken.

- und alle anderen Menschen in meinem Umfeld, die mich während des Schreibens ertragen und unterstützt haben. Meinen Söhnen Emil und Luca dafür, dass sie auf ihr Wohnzimmer eine Weile verzichtet haben, als es zum Arbeitsplatz wurde.

IMPRESSUM

Produktmanagement: Britta Bettendorf
Redaktion: Una Giesecke
Korrektur: Christiane Gsänger
Layout: a flock of sheep
Umschlaggestaltung: Regina Degenkolbe
unter Verwendung dreier Illustrationen:
shutterstock/Ensuper (Hintergrund),
shutterstock/Mr Twister (Papierstruktur)
und adobe stock/monkographic (Weinglas
und Flaschen)
Repro: LUDWIG:media
Herstellung: Bettina Schippel
Printed in Slovakia by Neografia

Texte: Surk-ki Schrade
Fotografie: siehe Bildnachweis Seite 189

Unser komplettes Programm finden Sie unter
www.christian-verlag.de

Alle Angaben dieses Werkes wurden von der Autorin sorgfältig recherchiert und auf den neuesten Stand gebracht sowie vom Verlag geprüft. Für die Richtigkeit der Angaben kann jedoch keine Haftung übernommen werden, weshalb die Nutzung auf eigene Gefahr erfolgt. Sollte dieses Werk Links auf Webseiten Dritter enthalten, so machen wir uns die Inhalte nicht zu eigen und übernehmen für die Inhalte keine Haftung.

Die Deutsche Nationalbibliothek verzeichnet diese Publikation in der Deutschen Nationalbibliografie; detaillierte bibliografische Daten sind im Internet über http://dnb.d-nb.de abrufbar.

ISBN 978-3-95961-606-5

★★★★★

Sind Sie mit diesem Titel zufrieden? Dann würden wir uns über ihre Weiterempfehlung freuen.

Erzählen Sie es im Freundeskreis, berichten Sie Ihrem Buchhändler oder bewerten Sie bei Onlinekauf.

Und wenn Sie Kritik, Korrekturen, Aktualisierungen haben, freuen wir uns über Ihre Nachricht an:

Christian Verlag, Postfach 40 02 09,
D-80702 München oder per E-Mail an
lektorat@verlagshaus.de

Ebenfalls erhältlich ...

ISBN 978-3-95961-091-9

ISBN 978-3-95961-504-4

ISBN 978-3-95961-525-9

ISBN 978-3-95961-500-6